Im Stallgeruch der Schafe

Inhalt

Vorwort

Gesellschaft und Kirchen stehen in einem epochalen Wandel: bahnbrechende Erfindungen und Errungenschaften, rasende technische Entwicklungen und atemberaubende Beschleunigung, aber auch wirtschaftliche Ungleichheit und Ausbeutung, Korruption und Diktatur des Machbaren. Durch die Umwälzungen der letzten Jahre und Jahrzehnte bleibt kaum ein Stein auf dem anderen. Sie bringen viel Positives mit sich, haben aber auch ihre Schattenseiten.

Es braucht dringend Veränderung und Erneuerung. Das ist eine der Reaktionen. Andererseits ist vielfach auch ein Zögern vorhanden. Es gibt die Angst, Wertvolles und Liebgewordenes zu verlieren. Die Beharrungstendenzen sind groß, verständlicherweise. Es geht nicht ohne feste Grundsäulen, die bleiben. Im Trend zwischen Individualisierung und Egotaktik ist die Kirche eine von vielen Stimmen auf dem Markt der Heilsangebote.

Die Veränderungsprozesse in der Kirche, etwa die Neuordnung von Seelsorgeräumen, wie sie im deutschsprachigen Raum derzeit gestaltet werden, beinhalten viele gute Ansätze. Und doch sind sie letztlich oft „im Sprung gehemmt", um den Titel eines Buches von Bischof Helmut Krätzl[1] aufzugreifen. Sie sind im Grunde genommen zu wenig mutig, zu wenig radikal im Sinne von „auf die Wurzeln des Evangeliums zurückgreifend". Meist sind es Kompromisse, sie bleiben auf dem Boden der Realität und befriedigen nicht wirklich. Die Bereitschaft zum radikalen Umbau unseres Lebens und zum Umbau der Kirche nach dem Vorbild Jesu ist gebremst. Zu solcher Radikalität fehlt es uns an Mut.

Papst Franziskus wünscht sich eine arme Kirche für die Armen.

Wir müssen vor allem eines lernen: radikales Vertrauen auf Gottes Wort. Nicht bloß ein berechnendes, ein gehemmtes Vertrauen. Eine Erzählung kann das illustrieren: Es herrschte eine lange Trockenheit. Die Ernte und alles Lebendige drohten zu verdorren. So kamen die Leute zu einem Bittgottesdienst um Regen zusammen. „Wir sind gekommen, Gott zu bitten, dass er die Dürrezeit beende und Regen schickt", begann der Pfarrer seine Predigt. „Aber nicht ein Einziger von euch hat für den Nachhauseweg einen Regenschirm mitgebracht!" – So kann das Wunder nicht geschehen!

Wir brauchen eine Erneuerung der Kirche und der Pastoral im radikalen und vertrauenden Blick auf das Handeln Jesu. Das hat Papst Franziskus den österreichischen Bischöfen bei ihrem Ad-Limina-Besuch im Jänner 2014 ans Herz gelegt. Zwei markante Worte sind es, die dem Papst im Blick auf das Evangelium für die Pastoral von besonderer Bedeutung sind: Nähe und Barmherzigkeit.

Nähe zu den Menschen und Nähe zu Gott stehen in enger Wechselbeziehung. Wer in der Pastoral tätig ist, braucht das Eintauchen in das Geheimnis Gottes. Daraus resultiert auch die Nähe zum Menschen. Jesus hat sich in radikaler Weise dem Menschen zugewendet, er hat Distanzen und Barrieren überwunden – zu Zöllnern, Sündern, Kranken, Aussätzigen. Er hat die unsichtbaren Mauern zwischen Menschen durchbrochen. Nähe zu Gott bringt die Nähe zum Menschen.

Barmherzigkeit, das Aufrichten von beladenen und belasteten Menschen – innerlich in der Seele und im Leben –, das kennzeichnet das Handeln Jesu. Mutter Teresa hat das beispielhaft vorgelebt, wie es ein bekanntes Zitat von ihr prägnant zusammenfasst: „Lass nie zu, dass du jemandem begegnest, der nicht nach der Begegnung mit dir glücklicher ist."[2]

Darum ist es angesagt, die Lebenssituation der Menschen von heute entschieden vom Blickwinkel Gottes her zu betrachten.

Wie Gott auf diese unsere Welt schaut, wie Gott den Menschen sieht, das ist der maßgebende Orientierungspunkt. Der Blick auf das Gottesbild, auf das Handeln Gottes erweist sich als zentral für eine Pastoral, die aufrichtet, die den Menschen im Sinne Jesu „schön" werden lassen möchte. Dabei stellt sich die Frage: Wo sind die großen Wunden des Menschen? Wenn man sie aus existenzanalytischer Sicht (Viktor Frankl) betrachtet, kommt man an der tragischen Trias von Leid, Schuld und Tod nicht vorbei. Die Frage des Umgangs mit Schuld und Versöhnung, mit gebrochenen Situationen und Scheitern ist eine Schlüsselfrage. Daran wird die Kirche gemessen.

Wunden zu heilen, ist ein unverzichtbarer Dienst jedes Hirten. Wertschätzung vermitteln, jemanden aufrichten, das beinhaltet immer Begegnung und Beziehung, es ist die Botschaft von gelebtem Christsein: „Seid Hirten mit dem Geruch der Schafe." Eine Pastoral, die physische und vor allem auch spirituell-geistige Räume schafft, in denen sich Heilung und Versöhnung ereignen können, hat viele Aspekte: die kontemplative, die samaritanische, die prophetische, die familiale, die missionarische Dimension. All das versucht das Buch exemplarisch, ohne den Anspruch auf Vollständigkeit, aufleuchten zu lassen.

KAPITEL 1

In Zeiten epochalen Wandels

D ie Geschwindigkeit technischer Entwicklungen wie auch des gesellschaftlichen Wandels hat sich in den vergangenen Jahrzehnten rasant beschleunigt. Entwicklungsschritte, die früher Zeiträume von Jahrzehnten und Jahrhunderten benötigt haben, erfolgen nun mitunter innerhalb von wenigen Jahren. Darin können ungeheure Chancen stecken. Es gilt aber auch, die Augen nicht vor den Gefahren zu verschließen. Aufmerksam wahrnehmen, was ist, ist ein Erstes.

Unsere Gesellschaft und die Kirchen sind geprägt von einem epochalen Wandel. Sie befinden sich in einem Prozess ständiger und immer rascherer Veränderung und Entwicklung: die allgegenwärtige Globalisierung der Wirtschaft, die die Produktion, die Arbeitsplätze und die Waren nach Belieben verschiebt; die Ströme der Finanzmärkte und ihre Krisen; die Revolution der Kommunikationsmittel, die Nachrichten und Bilder in Sekundenschnelle rund um den Globus jagt; Internet und neue Medien, die die Informations-, Kommunikations- und Unterhaltungsmöglichkeiten vervielfachen; immer neue Konsum- und Unterhaltungsanreize. Auch die Kirche befindet sich inmitten dieses Strudels. Jeder Skandal verbreitet sich in Windeseile um die ganze Welt. Die Zahl der Kirchenbesucher wird weniger, die Kirchenaustritte werden mehr.

In den vergangenen Jahrzehnten erfolgte eine deutliche Verschiebung von Werten. Galt in den ersten Jahrzehnten des Wiederaufbaues nach dem Zweiten Weltkrieg noch die Pflicht als oberster Wert, so wurde dieser im Gefolge der 1968-Bewegung abgelöst von „Spaß" als einer zentralen Orientierung, die schließlich ab der Jahrtausendwende abgelöst wurde von einer umfassenderen Perspektive von „Lebensqualität".

1950er und 1960er	1970er bis 1990er	2000+
Pflicht	Spaß	Lebensqualität
Fleiß	Lust	Erfahrung und Wissen
Pflicht	Geld	Wohlbefinden
Familie	Ich	Freundschaft
Glauben	Atheismus	Spiritualität
Treue	Sex	Erotik
Nutzen	Fun	Sinn, Selbstfindung

Vorherrschaft des Relativismus

In unserer modernen, global vernetzten Gesellschaft ist eine
zunehmende Unüberschaubarkeit von Kulturen, Theorien,
Begriffs- und Sprachwelten zu beobachten. Diese Tatsache
hat zu einem aktuellen Relativismus geführt, der sich jedem
universalen Geltungsanspruch verweigert. Man bezeichnet
ihn als postmodernes Denken, ein Denken ohne Wahrheits-
anspruch oder auch als Dekonstruktivismus.
Wirtschaftlich gesehen gewinnen verschiedenste Marke-
tingstrategien eine zunehmende Bedeutung. Sie verfolgen
aber stets ein und dasselbe Ziel: Sie wollen Anhänger für die
je eigene Idee gewinnen. Dahinter liegt die Überzeugung,
dass überkommene Werte in unserer Gesellschaft nicht mehr
auf allgemeine Zustimmung stoßen. Man geht im globalen
wirtschaftlichen Denken davon aus, dass es keine sicheren Be-
weise oder Argumente dafür gebe, dass das eine besser oder
gar wertvoller sei als das andere. Einzig und allein auf das
Marketing komme es an. Zahlreiche Lebensbereiche unter-
liegen einer Diktatur des Marktes: Der Markt und die ange-
wandte Strategie allein bestimmen den Wert eines Produktes,

eines Angebotes oder einer Leistung. Althergebrachte Werte zählen nicht mehr. Alles ist relativ.

So ist der moderne Mensch vor die immer schwieriger zu bewältigende Aufgabe gestellt, sich in dieser Multioptionsgesellschaft seinen persönlichen Weg zu suchen und eine neue Heimat zu finden. Diese neue Freiheit des Relativismus hat einen scheinbar klaren Vorzug: „Alles ist möglich." Noch nie hatten die Menschen so viel frei verfügbare Zeit wie heute. Die Freiheit hat aber auch einen Preis: Für viele Menschen ist es unmöglich geworden, den für sie richtigen Weg auszuwählen und so eine persönliche Heimat zu finden. Eine weitreichende Orientierungslosigkeit ist zu beobachten.

Neue Unbekümmertheit

Die Freiheit unserer modernen Gesellschaft und postmodernen Kultur hat auch eine neue Einstellung gegenüber gesellschaftlichen und religiösen Institutionen zur Folge. Der Rückgang der Wahlbeteiligung etwa ist ein deutliches Indiz für diese innere Distanzierung. Der moderne Mensch lebt auch gegenüber der Kirche eine neue Unbekümmertheit. Während man früher meist aus gesellschaftlichen Gründen mit der Kirche zu tun haben musste, beschränkt sich ihr Engagement heute oft auf ein unverbindliches Angebot: Wer will, der kann sich darauf einlassen; wer nicht will, der sucht sich ein anderes Angebot. Es gibt eine Entwicklung vom Müssen zum Können, von der gesellschaftlichen Verpflichtung zur persönlichen Freiheit.

Kirche ist heute oft nur mehr ein Angebot unter vielen. Glaube, Religion und Zugehörigkeit zur Kirche sind nur mehr eine von vielen wählbaren Möglichkeiten in der Multioptionsgesellschaft. Selbstverständliche Traditionen, die noch vor einigen Jahrzehnten viele Menschen in unserem Land an die katholische Kirche gebunden haben, fallen heute weitgehend weg.

Individualisierung als Trend: der Zwang zum Egotaktiker

Unsere Multioptionsgesellschaft hat eine oft übersehene Kehrseite. Die Diktatur des Pluralismus stürzt Menschen häufig in eine große innere Einsamkeit. Es gibt nicht mehr „Einheitsbiografien" wie früher, sondern wir werden einander immer unähnlicher. Jeder Mensch hat seine eigene Collage einer sinnreichen Lebensgestaltung, und die Kirche kann dort, wo sie früher noch klare Vorgaben bieten konnte, heute nur mehr mit einem ganz eigenen Angebot „assistieren". Viele Menschen mischen sich ihren persönlichen „religiösen Cocktail". Diese „Bricolage-" oder Bastel-Religiosität, die sich natürlich nicht nur im Bereich der Religion, sondern auch in anderen Lebensbereichen des modernen Menschen etabliert, birgt auch besorgniserregende Entwicklungen und Zwänge in sich: den Zwang zum Egotaktiker, den Zwang zur Ich-AG und den Exodus ins Ego. Viele Menschen unserer postmodernen Gesellschaft haben mehr denn je das Gefühl, dass sie sich nur auf sich selbst verlassen können und allein für ihr Leben verantwortlich sind. Was man sich nicht erkämpft, das bekommt man auch nicht.

In einem Zeitalter, in dem ein solcher Egoismus Mode zu sein scheint, hat es die katholische Kirche, die mit ihrer Botschaft etwas ganz anderes verkündigt, nicht einfach. Die Logik der christlichen Ethik lehrt oft das genaue Gegenteil dessen, was der moderne Markt propagiert: Wir dürfen einander vertrauen und auch etwas zutrauen. Man muss sich nicht nur auf sich selbst verlassen.

Lebensweltliche Ästhetisierung

Die Sicht auf die Welt hat sich im Laufe der Neuzeit grundlegend verändert: War die Trennungslinie in den letzten Jahrhunderten meist die Unterscheidung zwischen Gut und Böse, so sind in der Postmoderne die maßgeblichen unterscheidenden Kriterien „Schön" und „Hässlich" geworden. Genuss und Ästhetisierung sind nach den Untersuchungen des Institutes für Demoskopie in Allensbach für rund sechzig Prozent der Menschen ein entscheidender Faktor der praktischen Lebensgestaltung geworden. Wellnesstage, Schönheitschirurgie oder Genießermenüs sind Indizien für diesen Trend einer bisweilen recht oberflächlichen Ästhetisierung des Lebens. Die Welt von heute wird eingeteilt in Geschmacksgruppen und ästhetische Milieus.

Kirche auf dem Markt der Religionen

Relativ volle Kirchen zu Weihnachten, zu Ostern und zu Allerheiligen können nicht darüber hinwegtäuschen, dass die öffentlich praktizierte Religiosität in den letzten Jahrzehnten einer starken Veränderung ausgesetzt war. Während in den 1960er-Jahren in Österreich mehr als zwei Millionen Katholiken regelmäßig die Sonntagsmesse besuchten, waren es in den letzten Jahren nur mehr ca. 650.000.

In der breiten medialen Öffentlichkeit wird diese Zahl verständlicherweise meist nur vor dem Hintergrund des Rückgangs betrachtet. Man kann diese Zahl aber genauso im Hinblick darauf sehen, dass es trotz des breiten Angebots unserer Multioptionsgesellschaft in Österreich mehr als eine halbe Million Menschen gibt, die sich aus Überzeugung Sonntag für Sonntag zu einem Gottesdienst versammeln. Der erste Blickwinkel wirkt nur besorgniserregend. Der zweite birgt auch ermutigende Züge in sich. Freilich, auch die Altersstruktur der Kirchenbesucher gibt zu denken: Menschen des höheren Erwachsenenalters machen den Großteil aus. Auch der Rückgang bei den kirchlichen Eheschließungen, die Zunahme des Anteils der Muslime unter den jüngeren Generationen fordern die Kirche zu einem einfühlsam-konstruktiven Umgang mit der vorhandenen Situation heraus.

Im Stallgeruch der Schafe

Megatrends

Dieser grundlegende gesellschaftliche Wandel wird durch Megatrends bewegt, die großräumigen, langfristigen Treiber des Wandels. Sie beschreiben tief greifende gesellschaftliche Veränderungsbewegungen, die alle Bereiche des menschlichen Lebens umfassen. Sie ziehen sich über mehrere Jahrzehnte hin und sind trotz nationaler Ungleichzeitigkeiten grundsätzlich global. Im Rahmen der Pastoralgespräche „Die Wege der Pfarrgemeinden" hat Bernhard Spielberg diesen Wandel prägnant skizziert.[3] Auch Michael Ebertz hat viel dazu geforscht. Hier die markantesten Trends, die sie aufzeigen:

Pluralisierung oder Vervielfältigung der Lebensbereiche

Anders als noch vor fünfzig Jahren steht heute der Mensch im Mittelpunkt seines Lebens. Er soll und braucht sich nicht länger in vorgegebene Strukturen einzupassen. Es gilt, sein eigenes Leben zu gestalten: Ausbildung und Beruf, Familie und Partnerschaft, Freizeit und Unterhaltung, Spiritualität, Gesundheit, Freunde, Kunst und Kultur sind in die Gestaltungs- und Entscheidungsverantwortung des Einzelnen gelegt. Sie sind nicht mehr weitgehend durch die Zugehörigkeit zu einer Gruppe bestimmt.

Für eine Pfarrgemeinde bedeutet das eine völlig neue Situation: War sie bislang der Rahmen, innerhalb dessen alles andere stattfand und in dem klar war, wie man sich richtig verhält, wie ein richtiges Familienleben aussieht, wie man richtig seine eigenen Entscheidungen trifft, was man in der Freizeit tut, so fällt diese Grundorientierung für die Steuerung des Verhaltens weg.

Zwang zur Wahl

Das ist die nächste Folge der Pluralisierung, der Individualisierung und Selbstzentrierung. Der Zwang zur Wahl beginnt schon beim simplen Einkauf. Ich muss mich zwischen Dutzenden Sorten von Brot, Getränken, Zahnpasta oder Shampoo entscheiden. Schwieriger wird die Entscheidung schon bei der Ausbildung – sei es die eigene oder jene der Kinder – oder bei der Wahl des Strom- oder Telefonanbieters.

Integrationsschwund kirchlich gebundener Religion

Noch bis vor wenigen Jahrzehnten war recht klar, was „Katholisch-Sein" für das persönliche Verhalten, für die Erziehung der Kinder zu bedeuten hatte. Das konnte bis hin zum richtigen Platz in der Fronleichnamsprozession gehen. Eine solche Klarheit ist längst nicht mehr gegeben. Die Ausdrucksformen des Glaubens haben sich grundlegend gewandelt. Eine Pfarrgemeinde kann heute nicht mehr für alle alles bieten.

Ästhetisierung

Der Trend zur Ästhetisierung bedeutet, dass Geschmacksfragen zu Sozialfragen und Geschmacksgrenzen zu Sozialgrenzen werden. Allein schon die Vorliebe für einen Musikstil oder die Entscheidung für die Wohnungseinrichtung sagen vieles aus über die persönliche Haltung eines Menschen.

Wachsen des Bildungsniveaus

Das Bildungsniveau ist in den letzten Jahrzehnten enorm gewachsen. Vor allem junge Frauen sind die Gewinnerinnen dieser Entwicklung. Galt der Begriff des „katholischen Mädchens vom Land" in den 1950er-Jahren noch als ein Synonym zur Charakterisierung der bildungsfernen Schicht, so steht für die benachteiligte Gruppe von heute der „Migranten-Jugendliche aus der Großstadt". Das sind die, die nicht mithalten können. Die Mädchen haben die Buben längst überflügelt, wenn es um qualifizierte Abschlüsse geht.

Für die Kirche wie für alle anderen Institutionen bedeutet das gestiegene Bildungsniveau auch, dass es gilt, vom „Argument der Macht zur Macht der Argumente" zu finden. In der Art des Umgangs miteinander, in der Art und Weise des Diskutierens – auch über theologische und religiöse Fragen – und in der Art, wie Entscheidungen getroffen werden, zählt unter gebildeten Menschen nur mehr die Macht der Argumente.

Soziokulturelle Trends

Neben diesen großflächigen Megatrends orten die Trendforscher noch subtilere soziokulturelle Trends. Diese zeigen Lebensgefühle, Befindlichkeiten und Sehnsüchte an, die durch gesellschaftliche Entwicklungen geweckt werden. Oft stellen sie auch Gegenbewegungen zu den Megatrends im Kleinen dar.

Verankerung

Die Sehnsucht nach Verankerung, nach Verwurzelung an einem Ort, in einer Gemeinde ist zugleich ein Gegenpol zu den ungezählten globalen Verbindungen. Bei allem globalen Denken ist es wichtig, sich auch lokal verwurzeln zu können, auch regionale Produkte wieder neu zu schätzen. Lebensmittel vom lokalen Markt, Kartoffeln oder Radieschen vom Bauern schmecken eben doch anders als das Angebot im Supermarkt aus Ägypten, Zypern oder Peru. Man möchte schon modern leben, und doch ist es nicht egal, wo man gerade zu Hause ist. Auch im kulturellen und im spirituellen Bereich macht sich die Sehnsucht nach Verankerung bemerkbar. Alte Bräuche werden wiederentdeckt. Menschen, die mit der Kirche sonst gar nichts am Hut haben, verschenken Engel oder haben einen Rosenkranz am Rückspiegel des Autos hängen.

Cocooning

Dieser Begriff meint den Trend, es sich zu Hause gemütlich zu machen. Er kommt vom englischen Wort für Kokon, das Einspinnen der Raupe in ihren Kokon – ein Gegentrend zur Mobilisierung der Gesellschaft. Je mobiler Menschen werden, desto stärker wird auch der Wunsch, es sich gemütlich zu machen und sich einzuigeln, wenn man einmal zu Hause ist. Das reicht von der Ausstattung der Wohnung über Feng Shui bis zur Balkon- und Gartenpflege. Pizzaservice oder Heimkino sind für manche ein Inbegriff von Gemütlichkeit. Auch E-Commerce, das Einkaufen via Internet, und sogar Fernsehgottesdienste als eine Art von „Home-Spiritualität" können dazu gezählt werden.

Clanning

Das Bilden von Gruppen in selbst gewählten Netzwerken ist ein weiterer Trend. Die Verbindlichkeiten solcher Gruppen basieren auf freiwilliger Selbstverpflichtung und gemeinsam ausgehandelten Regeln. Kommunikation ist hier sehr dialogisch angelegt. Flache Hierarchie ist angesagt. Da gibt es Nachbarschaften, in denen etwas bewegt wird, in denen eine Netzwerkstruktur vorherrscht, in der auch ein Gegensatz zu sozialer Hierarchie zum Durchbruch kommen kann.

Gestaltung

Dieser Trend trifft sich mit dem Begriff der Ästhetisierung. Gestaltung meint, dass Design nicht etwa bloß das Äußere oder die Verpackung eines Gegenstandes, einer Dienstleistung oder einer Veranstaltung darstellt, sondern die innere Idee eines Gegenstandes oder eines Konzeptes zum Ausdruck bringt. In der äußeren Gestalt zeigt sich der innere Gehalt. So wie man an der Schale des Apfels sehen kann, ob er frisch ist, ob er wohl gesund ist oder ob der Wurm drin ist, ob er irgendwo faul ist. Das kann auch für das Design einer kirchlichen Veranstaltung gelten – die Musik, die Gestaltung und der Schmuck oder die Ausstattung des Raumes können etwas darüber aussagen, ob und wie sich die Menschen wohlfühlen können. Die Gestaltung kann Zugehörigkeit oder Fremdheit signalisieren.

High-Touch

Menschen wollen als Person, nicht bloß als zu zählende Teilnehmer oder als Potenzial für die Erfüllung von Aufgaben wahrgenommen werden. Angesichts einer Apparatemedizin zieht es nicht wenige zu alternativen Heilmethoden und Heilpraktikern, die stärker den Menschen als Person wahrnehmen. Gerade auch für die Glaubwürdigkeit von Kirche ist es entscheidend, dass Menschen Berührung erfahren, dass Begegnung möglich ist.

Gesundheit

Viele Menschen haben die leib-seelische Ganzheitlichkeit neu entdeckt. Ganzheitlichkeit ist eine Überschrift im Wellnessbereich, der oft auch spirituelle Züge trägt. Das gestiegene Interesse für asiatische Religionen, Gesundheits- und Weisheitslehren deutet in diese Richtung. Auch im Evangelium gibt es nicht nur den Auftrag zur Verkündigung, sondern auch den Auftrag zur Heilung, der lange Zeit eher im Hintergrund gehalten worden ist.

Erlebnis und Erfahrung

In einer Welt, in der vieles künstlich geworden ist, in der man in Massen von Menschen unterwegs ist und unterzugehen droht, entsteht der Wunsch nach Erlebnis und Erfahrung, der Wunsch, aus der Masse herauszutreten, in Berührung zu kommen mit sich selbst. Dieser Trend meint also mehr als nur Lust auf Spaß und Erlebnisorientierung. Es geht nicht nur um eine oberflächliche Sehnsucht nach Flucht aus dem Alltag, sondern um die Erfahrung von Momenten, in denen ich zutiefst spüre, wer ich wirklich bin und worum es in meinem Leben tatsächlich geht.

Von Performern und digitalen Individualisten

Der Wertewandel vollzieht sich in immer kürzeren Zeitabständen. Mit steigendem Wohlstand rücken materialistische Werte wie Verdienst, Vermögen und Besitz in den Hintergrund, während postmaterialistische Werte wie der Wunsch nach politischer Freiheit, Umweltschutz, Selbstverwirklichung oder Kommunikation an Bedeutung gewinnen.

Entwicklungen wie die Flexibilisierung von Arbeit und Privatleben, die Erosion klassischer Familienstrukturen, die Digitalisierung des Alltags und die wachsende Wohlstandspolarisierung führten zu einer nachhaltig veränderten Milieulandschaft. Die Schere zwischen Arm und Reich geht auseinander und die digitale Spaltung nimmt zu. Die gesellschaftliche Mitte gerät unter Druck und grenzt sich verstärkt nach unten ab. Die soziale Unterschicht ist verunsichert und zeigt Tendenzen der Entwurzelung. Gleichzeitig nimmt aber auch der Grad an Freiheit und Wahlmöglichkeit in der Gesellschaft zu, die Lebensqualität der besser Situierten wird erhöht. Im modernen Segment wächst die Fähigkeit zu Autonomie und Selbstbestimmung. Die junge Avantgarde entwickelt sich zu einer neuen kosmopolitischen Elite. Die jungen Milieus stehen für Machen und Erleben sowie für das Überwinden von Grenzen. Aber auch ältere, traditionelle Lebenswelten haben sich teilmodernisiert.[4]

Im Stallgeruch der Schafe

Dem geht auch die Sinus-Milieu-Forschung auf den Grund. Dabei werden Menschen nach ihren Lebensauffassungen und Lebensweisen gruppiert. Die Sinus-Milieus® verbinden demografische Eigenschaften wie Bildung, Beruf oder Einkommen mit den realen Lebenswelten der Menschen, d. h. mit ihrer Alltagswelt, ihren unterschiedlichen Lebensauffassungen und Lebensweisen: Welche grundlegenden Werte sind von Bedeutung? Wie sehen die Einstellungen zu Arbeit, Familie, Freizeit, Geld oder Konsum aus? In den Blick genommen werden Bereiche wie Lebenseinstellung, Politik, Religion, weiters Lebensstil, Geschmack und Führungsstil sowie Kommunikationsstrukturen, Wohn- und Arbeitsbereich.

Je nach der Zuordnung auf der Skala der sozialen Rangordnung zwischen Unterschicht, unterer, mittlerer und oberer Mittelschicht sowie Oberschicht und auf der Skala der Grundorientierung im Modernisierungsgrad zwischen Tradition, Modernisierung und Individualisierung sowie Neuorientierung werden für Österreich zehn Sinus-Milieus® unterschieden. Für den Einzelnen sind dabei immer auch Überschneidungen und mehrfache Zuordnungen zu den Typologien vorausgesetzt.[5]

—Die *Traditionellen Milieus* umfassen „Konservative" und „Traditionelle". Die *Konservativen* (6 %) bilden das Leitmilieu im traditionellen Bereich und zeichnen sich durch eine hohe Verantwortungsethik aus. Sie sind stark von christlichen Wertvorstellungen geprägt, hegen hohe Wertschätzung von Bildung und Kultur und sind gegenüber aktuellen gesellschaftlichen Entwicklungen eher kritisch eingestellt. Zum Milieu der *Traditionellen* (15 %) zählt die auf Sicherheit und Stabilität Wert legende Kriegs- und Nachkriegsgeneration. Sie ist verwurzelt in der alten kleinbürgerlichen Welt bzw. in der traditionellen Arbeiterkultur.

—Zu den *Gehobenen Milieus* zählen „Etablierte", „Postmaterielle", „Performer" und „Digitale Individualisten". *Etablierte*

(9 %) sind eine leistungsbewusste Elite mit starker traditioneller Erdung. Sie nehmen die Herausforderung der Globalisierung und der digitalen Welt an und streben gleichzeitig nach Harmonie und Balance. Sie zeichnen sich durch eine hohe Statusorientierung aus. *Postmaterielle* (9 %) sind weltoffene Gesellschaftskritiker. Es ist ein gebildetes, vielfältig kulturinteressiertes Milieu, kosmopolitisch orientiert, gleichzeitig aber kritisch gegenüber der Globalisierung. *Performer* (9 %) stellen eine flexible und global orientierte Leistungselite dar. Was bei ihnen zählt, sind individuelle Leistung, Effizienz und Erfolg. Sie sind zu Hause in der digitalen Welt. *Digitale Individualisten* (7 %) bilden die individualistische, vernetzte, digitale Avantgarde. Sie sind geistig und geografisch weltweit mobil, online und offline vernetzt, ständig auf der Suche nach neuen Erfahrungen.
—In der *Neuen Mitte* finden sich die „Bürgerliche Mitte" und die „Adaptiv-Pragmatischen". Zur *Bürgerlichen Mitte* (15 %) zählt der leistungs- und anpassungsbereite Mainstream. Hier stehen das Streben nach beruflicher und sozialer Etablierung, gesicherten und harmonischen Verhältnissen, Halt und Orientierung, Ruhe und Entschleunigung im Vordergrund. *Adaptiv-Pragmatische* (10 %) bilden eine junge, pragmatische Mitte. Sie sind gekennzeichnet durch ausgeprägten Lebenspragmatismus, Streben nach Verankerung, nach Zugehörigkeit und Sicherheit. Sie sind stark leistungsorientiert, aber ebenso geprägt vom Wunsch nach Spaß und Unterhaltung.
—Die *Moderne Unterschicht* teilt sich in eine „Konsumorientierte Basis" und das Milieu der „Hedonisten". Die *Konsumorientierte Basis* (9 %) bilden eine materialistisch geprägte, resignierte Unterschicht. Es herrschen ausgeprägte Zukunftsängste und Ressentiments. Man ist bemüht, Anschluss an die Konsumstandards der Mitte zu halten. Die *Hedonisten* (11 %) sind eine momentbezogene, erlebnishungrige, moderne untere Mittelschicht. Suche nach Spaß

und Unterhaltung, Ablehnung von Leistungsdenken und von traditionellen Normen und Konventionen herrschen hier vor.[6]

Die Chancen des Wandels nützen

Die entscheidende Frage lautet: Wie verhalten wir uns als Kirche, als Christinnen und Christen gegenüber diesen Veränderungen, diesen Umwälzungen? Machen sie uns Angst? Stürzen sie uns in Panik? Viele sind offenkundig irritiert. „Mit Blick auf ihren Gründer, Jesus, der bekanntlich in einer dramatischen Ohnmachtssituation starb, ist dies eigentlich sogar die kirchliche Normalposition", beruhigt Rainer Bucher[7] die Gemüter.

Ein Gedanke aus der chinesischen Weisheitsliteratur kann dabei als Orientierung dienen: „Wenn die Stürme der Veränderung wehen, bauen die einen Schutzmauern. Andere bauen Windmühlen." Windmühlen setzen sich dem Sturm aus, sie fangen Energie ein, nehmen sie auf und wandeln sie, und sie geben diese Energie wiederum ab. Sie sind zum Beispiel für die Verarbeitung von Lebensmitteln von großem Nutzen. Windräder werden heute zur Stromerzeugung genutzt. Sie verhelfen dem Menschen zum Leben. Auch in den heutigen Stürmen der Veränderung gilt es, die Energie dieser Stürme mit „Windmühlen" zu nützen und einzusetzen.

Wenn wir den Blick auf die Gestaltung der Kirche der Zukunft richten, kann ein zweites Bild nützlich sein. Von Hirten in Australien wird berichtet, dass sie zwei Möglichkeiten kennen, um eine Herde von Schafen zusammenzuhalten: Ich baue um diese Herde herum einen Zaun. Oder: Ich grabe einen Brunnen. Das Graben eines Brunnens, das Vordringen zur Quelle ist das, was uns lebendig werden lässt. Ich plädiere dafür: Wir müssen und dürfen uns gläubig und hoffnungsvoll in den Wandel stellen.

KAPITEL 2

Den Blickwinkel wählen

P astorales Handeln hängt im Innersten zusammen mit unserem Menschenbild und mit unserem Gottesbild.
Zwei Fragen sind dabei ganz zentrale Annäherungspunkte:

— Was ist der Mensch?
— Wer ist Gott?

Der Blickwinkel ist entscheidend dafür, was ich sehe und wahrnehme. Freilich, im Laufe einer Lebensgeschichte kann sich das Bild vom Menschen und auch das Bild Gottes ganz entscheidend verändern. Das war auch in der Geschichte des auserwählten Volkes Israels der Fall. Auch dort haben sich die Beziehung zu Gott und das Bild von Gott in vielen Erfahrungen weiterentwickelt und auch verändert.

Aspekte des Gottesbildes

Pastoral ist die Sorge um das ganzheitliche Wohl von Körper, Geist und Seele des Menschen, sie ist ganz wesentlich die Begleitung des Menschen in die Nähe des Geheimnisses Gottes. Deshalb ist der theologische Hintergrund von entscheidender Bedeutung. Jeder Hirte und jeder Mensch, der in der Pastoral tätig ist, handelt implizit aus der persönlichen Erfahrung mit Gott. Sein/ihr Bild von Gott ist grundlegend für viele pastorale Initiativen.

Der Name Gottes ist Programm: „Ich bin der ‚Ich-bin-da'" (Ex 3,14)

Was ist denn das tiefste Geheimnis unseres Gottes? Karl Rahner SJ meint, dass wir mit großer Ehrfurcht uns immer wieder diesem Geheimnis stellen sollen[8]. Die Offenbarung des Namens Gottes am Berg Sinai spricht vom tiefsten Wesen Gottes.

> Mose weidete die Schafe und Ziegen seines Schwiegervaters Jitro, des Priesters von Midian. Eines Tages trieb er das Vieh über die Steppe hinaus und kam zum Gottesberg Horeb. Dort erschien ihm der Engel des Herrn in einer Flamme, die aus einem Dornbusch emporschlug. Er schaute hin: Da brannte der Dornbusch und verbrannte doch nicht. Mose sagte: Ich will dorthin gehen und mir die außergewöhnliche Erscheinung ansehen. Warum verbrennt denn der Dornbusch nicht? Als der Herr sah, dass Mose näher kam, um sich das anzusehen, rief Gott ihm aus dem Dornbusch zu: Mose, Mose! Er antwortete: Hier bin ich. Der Herr sagte: Komm nicht näher heran! Leg deine Schuhe ab; denn der Ort, wo du stehst, ist heiliger Boden. Dann fuhr er fort: Ich bin der Gott deines Vaters, der Gott Abrahams, der Gott Isaaks und der Gott Jakobs. Da verhüllte Mose sein Gesicht; denn er fürchtete sich, Gott anzuschauen. (Ex 3,1–6)

Das Erste ist der Name Gottes, der Name, der das innerste Wesen Gottes zum Ausdruck bringt. Und der Name ist für das Volk Israel ja nicht bloß eine beliebige Bezeichnung, sondern er ist gleichbedeutend mit dem innersten Sein und Wesen. Dieses Wesen meint: „Ich bin da" oder, wie es Martin Buber formuliert: „Ich bin dort, wo Du bist."[9] Oder noch etwas freier übersetzt: „Ich bin da für dich." Gott ist der, der das Schreien und Klagen seines Volkes hört und erhört.

Das ist das Grundvertrauen, das auch Frère Roger Schutz von Taizé zum Ausdruck gebracht hat: „Gott wohnt immer in uns, durch das Evangelium sagt er zu jedem von uns: Hab keine Furcht, ich bin bei dir."[10] Papst Franziskus hat das in seinem bekannten Interview mit Antonio Spadaro SJ[11] so formuliert: „Ich habe eine dogmatische Sicherheit: Gott ist im Leben jeder Person. Gott ist im Leben jedes Menschen." Das ist das Grundvertrauen, in dem wir stehen. Wenn ich glaube, dass Gott alle Wege des Menschen und der Menschen mitgeht, dann brauche ich weder Angst zu haben noch mich in übertriebene Geschäftigkeit zu stürzen, noch brauche ich mir Sorgen zu machen.

Ein erfahrener Exerzitienmeister hat einmal gesagt: „Es ist nicht so entscheidend, was der Mensch über Gott denkt, entscheidend ist vielmehr, was Gott über den Menschen denkt." Das wird im Buch Exodus wie an vielen anderen Stellen eindrucksvoll sichtbar: „Der Ort, wo du stehst, ist heiliger Boden." (Ex 3,5b) – Gott ist dort, wo du bist. Das gilt vor allem auch hinter Unerwartetem. Wir wissen es alle, dass unser Leben oft mit Dornbüschen durchzogen ist. Aber, das dürfen wir in diesem Text lernen, gerade auch dort ist der Ort Gottes. Die bekannte Mystikerin Silja Walter OSB drückt das in ihrem Gedicht „Lied der Armut" sehr berührend aus:

> Was bin ich denn betrübt.
> Ist hinter allen Dingen,
> die scheinbar nicht gelingen,
> doch Einer, der mich liebt.
> Und hinter Weh und Trauern,
> Einsamsein und Kauern
> in einer kalten Welt
> ist Gott, der in dem Garten
> mich eine Weil' lässt warten,
> bis ihm ein Herz gefällt.[12]

Als Christen sind wir eingeladen, in diesem Grundvertrauen zu leben, dass Gott alle unsere Wege mit uns geht, dass hinter allen Dingen, auch jenen, die scheinbar nicht gelingen, dass auch in und hinter unserem Scheitern einer da ist, der mich liebt. Wenn wir in diesem Grundvertrauen leben, dann bekommt alles, was wir tun, im Tiefsten eine andere Farbe.

Als ob es gestern gewesen wäre, erinnere ich mich an eine sehr berührende Erfahrung aus meinem Leben. Nachts um drei Uhr wurde ich in die Intensivstation des Krankenhauses gerufen. Es wurde mir mitgeteilt, dass mein Vater an akutem

Organversagen lebensgefährlich erkrankt sei. Die Ärzte schlugen vor, ihn in ein Schwerpunktkrankenhaus zu überstellen. Ich fuhr dann mit meinem Privatauto hinter dem Rettungsauto. Blaulicht und Folgetonhorn waren mir von meiner Zeit als Sanitäter sehr vertraut. In der Verzweiflung wurde mir plötzlich ein Gefühl geschenkt: das tiefe Vertrauen, dass genau jetzt auch Gott mit uns ist, mit meinem Vater, mit meiner Familie, mit mir. So wurde diese schwere Fahrt zugleich zu einer Fahrt des Vertrauens.

Gott auf dem Weg, die Geschichte des Bundes Gottes mit seinem Volk

Die gesamte Geschichte Israels mit seinem Gott kann zusammengefasst werden in dem einen knappen Gedanken: Gott führt sein Volk. Darauf verweist Arnold Gamper SJ, ein tiefgläubiger Exeget, in seinen Werken. Das Alte Testament begreift Gott ganz wesentlich als einen „Mit-Gehenden". Die Texte, die in der Osternacht gelesen werden, untermauern diese Glaubensüberzeugung. Der Auszug aus Ägypten, die Begleitung durch die Wirrnisse der Wüste bis hin zum Gelobten Land beschreiben diese wechselhafte und sehr emotionale Beziehung des Volkes Israel zu seinem Gott. Grundlage dieses Weges ist der Bund Gottes mit den Vätern des Volkes Israel: „Ich nehme euch als mein Volk an und werde euer Gott sein" (Ex 6,7). Dieser gemeinsame Weg ist gekennzeichnet von vielen Höhen und Tiefen. Der Bundesschluss mit der Bundesurkunde (Ex 20,1–21; Dtn 5,6–22) und gleich darauf wieder der Tanz um fremde Götter, der sich besonders zeigt im Tanz um das Goldene Kalb. Gottes Zorn auf der einen Seite, dann wieder Zeichen der Versöhnung, der Gnade und des Erbarmens. Eines können wir für die Pastoral daraus lernen: Gott ist jedenfalls nicht nur der Gott der Philosophen, der sozusagen im Labor des Theologen und Philosophen entworfen wird:

distanziert und weitgehend ohne Emotion. Die Geschichte des Menschen und des Volkes Israel mit seinem Gott ist voll von Emotion und Leidenschaft. Insofern ist diese Geschichte ein Abbild und auch ein Vorbild für die persönliche Geschichte jedes Menschen mit Gott. Liebe und Beziehung sind immer lebendig und nie fertig oder abgeschlossen. Sie suchen jedoch in einer tief liegenden Sehnsucht nach dem, was in der Metaphysik über das innerste Wesen Gottes gedacht wird. Beziehung und Liebe zu Gott suchen nach dem Guten und Schönen, dem „bonum et pulchrum". Jede Aussage über das Wirken Gottes ist nicht philosophisch spekulativ, sondern ist das Ergebnis einer Erfahrung mit ihm. In der Geschichte und auf dem gemeinsamen Weg offenbart Gott den Menschen sein verborgenes Wesen. In der Logotherapie würde man von einer narrativen Theologie sprechen. Die Erzählungen dieser Beziehungen führen behutsam in das Geheimnis Gottes.

Gott ist treu

In der Offenbarung des Namens Gottes auf dem gemeinsamen Weg ist ein Gedanke besonders prominent: „Jahwe ist ein barmherziger und gnädiger Gott, langmütig, reich an Huld und Treue." (Ex 34,6)

Hier ist besonders die Treue Gottes angesprochen. Nichts kann Gott trennen von den Menschen. Auch die unter dem Aspekt des anthropologischen Gottesbildes verletzenden und abweisenden Schritte des Menschen können diese grundlegende Treue des Schöpfers zu seinem Geschöpf nicht zerstören. Diese tiefe und fundamentale Treue ist die Basis dieser geheimnisvollen Beziehung. Sie erinnert sehr an das große Herz einer liebenden Mutter. Kaum etwas kann diese tiefe Bindung einer Frau an ihr Kind zerstören. Wenn es für den Menschen heißt „KAUM", so heißt es für Gott „NIEMALS".

Auch wenn sich der Mensch entfernt, geht ER nach. Er ist ein nachgehender Gott, der den Menschen von den Rändern hereinholt. Hervorragend beschrieben ist diese Treue im Buch des Propheten Hosea, in dem die Beziehung Gottes zum Volk Israel wie eine Liebesgeschichte dargestellt ist: „Als Israel jung war, gewann ich ihn lieb, ich rief meinen Sohn aus Ägypten ... Mit menschlichen Fesseln zog ich sie an mich mit den Ketten der Liebe. Ich war da für sie wie die Eltern, die den Säugling an ihre Wangen heben. Ich neigte mich ihm zu und gab ihm zu essen ... Wie könnte ich dich preisgeben, Efraim, wie dich aufgeben, Israel?" (Hos 11)

Gott, der ein Herz hat, das im Zorn auflodert, das sich dann aber vor Barmherzigkeit buchstäblich umdreht. Diese emotionale Seite Gottes, seine persönliche Nähe zum Menschen ist ein ganz wesentlicher Punkt, der auch immer wieder zeigt, dass Gott dem Menschen bis an die Ränder nachgeht. Er ist groß im Verzeihen (Jes 5,7), er liebt es, gnädig zu sein (Mi 7,18, Ps 130,4). Gottes Mitleid ist immer stärker als seine Gerechtigkeit und sein lodernder Zorn. Die Barmherzigkeit siegt.

Gottes Option für die Armen

Gottes Option für die Armen wird besonders in der prophetischen Literatur des Ersten Testamentes sichtbar. Bei Jesaja 61,1–3 heißt es, dass der Messias gesandt sei, um den Menschen eine frohe Botschaft zu bringen und alle zu heilen, die zerbrochenen Herzens sind. In diesem Zusammenhang begegnet uns im Alten Testament immer wieder die große Bitte der Menschen um Gottes Erbarmen (Jes 54,7; 57,16f; Jer 31,20 u. v. m.). Die Bibelwissenschaftler sind sich einig, dass man bei den Propheten von einer vorrangigen Option Jahwes für die Armen und Benachteiligten sprechen kann. In dieser Richtung ist auch das Sabbatgebot (Ex 20,9f) zu sehen, das den Sklaven einen Tag des Durchatmens schenken soll, sowie die Vorschrift, dass alle sieben Jahre, im sogenannten Sabbat-jahr, die Äcker zugunsten der Armen zur Verfügung gestellt werden sollen und auch den Sklaven Freiheit gewährt wird. Was das bedeutet, kann man emotional nachvollziehen, wenn man den dreifach oscargekrönten Film „12 Years a Slave" (2013) sieht. Unerträgliche Unterdrückung, Demütigung und Willkür prägen das Handeln der Sklavenhalter. Wie gut tut hier ein kurzes erlösendes „Durchatmen" am Sonntag, dem freien Tag für die Sklaven.

Die Botschaft der Propheten und der Psalmen beinhalten nicht nur eine schöne sozialpolitische Theorie, sondern es wird versucht, sie auch ganz konkret umzusetzen. Der von den Juden erwartete Messias ist der Erlöser in diesem Kontext. Im Leben Jesu wird an vielen Stellen deutlich sichtbar, dass Gott eine Option für die Armen hat, Jesus wendet sich den Armen zu. Als Johannes der Täufer seine Jünger zu Jesus schickt mit der Frage: Bist du der Messias?, antwortet Jesus: „Berichtet ihm, was ihr hört und seht: Blinde sehen wieder und Lahme gehen; Aussätzige werden rein und Taube hören; Tote stehen auf und den Armen wird das Evangelium ver-kündet." (Mt 11,2–5). Das ist das Grundprogramm Jesu.

Blinde sehen

Es gibt heute viel Blindheit in unserer Gesellschaft. Viele Din-ge werden einfach nicht wahrgenommen. Sie werden dem Wirtschaftswachstum geopfert, dem Götzen der Gewinn-maximierung. Sehen im Sinne des Reiches Gottes heißt, sich auf die Augen des Herzens zu konzentrieren, wirklich im Tiefsten die Würde des anderen Menschen zu sehen. Solches Sehen ist angesagt, wenn man in der Gesellschaft von einem Kind als „Schadensfall" redet oder wenn ältere Menschen Angst haben müssen, dass sie unter Druck geraten wegen der medizinischen Kosten und sich so quasi „freiwillig" zur akti-ven Sterbehilfe entscheiden sollen.

Sehr berührt hat mich ein Gespräch mit Ärzten und Mitarbeiterinnen und Mitarbeitern einer Palliativstation, bei dem dieses Argument im Vordergrund stand. Ärzte spüren den Druck, den Sterbende erleben. Diese möchten nicht, dass wegen einer intensiven Pflege ihre Nachkommen viel Geld sowie Grund und Boden einsetzen müssen. Ein „Kostenfaktor" zu sein, ist eine große Belastung. Dieser Druck auf kranke und alte Menschen ist nicht verwunderlich, da in der medialen Berichterstattung häufig von den hohen Kosten des Sozialsystems die Rede ist.

Wir brauchen neue Augen für die Würde des Menschen. Heute wird die Welt beurteilt nach der Logik der Wirtschaft, nach der Logik des Profits, nach der Logik der Medien. Immer lautet die entscheidende Frage: Wie komme ich an? Wie werde ich gesehen? Anders dagegen die Logik Jesu: Sie zielt ab auf die Güte des Herzens, die den Menschen als Geschöpf Gottes, als Ebenbild Gottes sieht. Das gibt ihm die große Würde.

Lahme gehen

Papst Franziskus meint in seinem Apostolischen Schreiben „Evangelii Gaudium"[13] immer wieder, dass wir uns aufmachen sollen, wir sollen hingehen an die Ränder (EG 20, 46, 53). In manchen Bereichen sind wir als Kirche lahm geworden, unbeweglich, müde und brennen nicht von diesem Feuer der Evangelisierung, dem Feuer des Evangeliums. Papst Franziskus sagt: „Geht an die Ränder." – Lahme gehen.

Aussätzige werden rein

Viele Formen des Aussatzes gibt es heute. Menschen werden ausgegrenzt, Menschen, die schuldig geworden sind, Menschen mit Behinderung, Ausländer, Asylanten, Menschen, die in der Leistungsgesellschaft nicht mehr bestehen

können. Rein werden von Aussatz heißt, wieder hineingenommen werden in die Mitte des Lebens, in die Mitte der
Gesellschaft. Das ist ein zentraler Auftrag. Papst Franziskus
lebt ihn zeichenhaft vor, wenn er etwa Strafgefangenen im
Jugendgefängnis in Rom die Füße wäscht. Oder wenn er zu
den Flüchtlingen aus Afrika nach Lampedusa geht, von denen schon Tausende im Meer umgekommen sind, in Booten,
die von einem Ort der Hoffnung zu einem Ort des Todes
geworden sind.

Taube hören

Viele Texte in der christlichen Mystik beginnen mit dem Hören. Die Regel des heiligen Benedikt beginnt mit dem Hören.
„Höre mein Sohn, meine Tochter, neige das Ohr deines Herzens."[14] Dabei geht es wesentlich auch um das Gebet. Christliches Beten ist in seinem tiefsten Wesen ein Hören auf Gott.
„Höre Israel", so beginnt das große Glaubensbekenntnis und
Gebet des jüdischen Volkes (Dtn 6,4).

Tote werden auferweckt

Das ist die große Hoffnung unseres Lebens, dass Gott das „Ja",
das er zu uns sagt, nicht zurücknimmt, dass dieses „Ja" auch
über die Grenze des Todes geht. Eine Hoffnung, dass Totes,
Abgestorbenes, Krankes, sich wieder neu mit Leben füllt. Ein
Frühlingsspaziergang kann eine Meditation dieses Gedan-
kens werden. Tote werden auferweckt, die scheinbar ohne Leben sind. Knospen bringen neues Grün hervor. – Ein Wunder
der Natur, das von diesem großen Wunder der Auferstehung
erzählt.

Die Werke Christi sind für den Evangelisten die heilenden
und aufrichtenden Taten der Barmherzigkeit und Güte. Zentral zum Wesen Gottes und somit auch zum Kern der messi-

anischen Sendung Jesu gehört die aufmerksame Zuwendung zu den Armen, den Unbedeutenden, den Ungewollten und Missachteten. An ihnen erfüllt sich die Seligpreisung „Selig die arm sind vor Gott" (Mt 5,3). Es sind alle gemeint, die mit verwundetem und gebrochenem Herzen leben müssen. Es sind die Verzweifelten gemeint und auch diejenigen, denen der Mut abhandengekommen ist. Sie sind letztendlich die Armen vor Gott.

Hinwendung zum Menschen mit Schuld

In der sehr sensiblen Hinwendung Jesu zum Menschen mit Schuld zeigt sich ein weiterer Aspekt des Wesens Gottes. Wer Schuld auf sich geladen hat, trägt die Last des eigenen Vergehens und Versagens. Er erfährt vielfach auch Ablehnung und Ausgrenzung von seinen Mitmenschen. Er wird von der Gesellschaft durch Verurteilung und Bestrafung geächtet. Den Sündern galt wohl auch darum eine besondere Aufmerksamkeit Jesu. Nicht umsonst wurde er als Freund der Sünder und Zöllner bezeichnet (Lk 7,34) und ist bei ihnen zu Gast gewesen (Lk 19,1–10). Weil er sich in dieser Weise mit den Unerwünschten abgegeben hat, wurde auch er zum Anstoß und zur Provokation der sogenannten Anständigen und Gerechten (Lk 5,31; 19,10).

Auch im zentralen Gebetstext, der uns aus dem Mund Jesu überliefert ist, dem Vaterunser, ist die Vergebung der Schuld eine entscheidende Bitte (Mt 6,9 und Lk 11,2). Das Vaterunser unseres Gottesbildes bringt die christliche Gottesbeziehung zum Ausdruck. Es besagt, dass wir vor Gott stehen wie ein Kind vor seinem Vater oder seiner Mutter, die das Kind trägt und mit ihm lebt. Die Barmherzigkeit Gottes übertrifft jedes menschliche Maß. Sie ist wunderbar beschrieben im Gleichnis vom verlorenen Sohn (Lk 15,11–32) und in der Erzählung vom barmherzigen Samariter (Lk 10,25–37). Diese beiden

Gleichnisse sind wie das biblische Grundwasser christlichen Verhaltens und führen uns ins Innerste des Geheimnisses Gottes. Gott beugt sich bis in den Schmutz, leistet Hilfe, wenn alles sich abwendet, und berührt heilsam die Wunden. Meisterhaft wird im Gleichnis vom barmherzigen Vater die Barmherzigkeit Gottes beschrieben, die dem verlorenen Sohn hilft, in das gute Leben zu finden, umzukehren und sich einem gesegneten Neubeginn zuzuwenden: „Wer mich sieht, der sieht den Vater." (Joh 14,7) Damit will Jesus sagen, so wie er handelt, handelt Gott selbst. In diesen beiden Gleichnissen von der Hinwendung zum Menschen in Schuld, zum Menschen in seiner Verwundung, leuchtet das Handeln Gottes hoffnungsvoll auf.

In einem Kapitell der romanischen Basilika von Vézelay findet sich eine wunderbare Darstellung von Judas und Jesus. Normalerweise wird Judas als der dargestellt, der sich erhängt in seiner Verzweiflung und seiner Schuld. In diesem Kapitell aus dem 12. Jahrhundert ist daneben auch noch zu sehen, wie Jesus Judas auf den Schultern wegträgt. Er hat ihn auf seine Schultern gelegt, so wie wir das von den Bildern des guten Hirten kennen, wie das verlorene Schaf, das er zurückbringt zu seiner Herde. In dieser Darstellung ist Judas dieses Lamm. Dieser Künstler hat mit der Gemeinschaft von Vézelay, die diesen Auftrag gegeben hat, geglaubt, dass sich Christus sogar dem Judas als guter Hirte zuwendet und ihn zurückträgt zu seiner Herde. Es ist wohl die äußerste Form der Hinwendung Gottes zum Menschen mit Schuld.

Solidarität im Leid

In der Kapuzinerkirche in Feldkirch ist im Hochaltarbild der Gekreuzigte dargestellt, wie er einen Arm vom Kreuzesbalken löst und den heiligen Franz von Assisi umarmt. Ein Bild dafür, dass Christus unendlich solidarisch ist mit dem Leid der Menschen. Der Kreuzweg ist der Weg der liebevollen Hinwendung zu den Kreuzwegen der Menschen heute, und solche gibt es unendlich viele.

In der Kirche der Gemeinschaft von Sant'Egidio in Rom sind in einem Seitenaltar über zweihundert Kreuze aufgestellt – eines für jedes Land dieser Erde. Sie sind Zeichen der Solidarität und gleichzeitig Symbole der Hoffnung. Der Kreuzweg Jesu schenkt Hoffnung gegen alle Verzweiflung derer, die in ihrem Leid rufen: „Mein Gott, mein Gott, warum hast du mich verlassen." (Ps 22) Wir wissen es: Ohne die Auferstehung, ohne Ostern wäre das Kreuz Jesu das Ende seiner Mission. Es wäre das Symbol des endgültigen Scheiterns. Doch im Horizont der Osterbotschaft ist das Kreuz der Ort der neuen Hoffnung, der Ort des Mutes, der Ort, an dem die Wunden der Menschen berührt werden und an dem deren Heilung beginnen kann. Jesus ist für uns gestorben (Röm 8,3, Gal 3,13). Mich berührt immer wieder die Weihnachtspräfation, in der es heißt: „Denn einen wunderbaren Tausch hast du vollzogen: Dein göttliches Wort wurde ein sterblicher Mensch und wir sterbliche Menschen empfangen in Christus dein göttliches Leben." So können wir diese Botschaft verkünden, die der Apostel Paulus in 1 Kor 15,54 zum Ausdruck bringt: „Tod, wo ist dein Sieg? Tod, wo ist dein Stachel?" Es ist so, durch seine Wunden sind wir geheilt. Viele Geschichten von Menschen in Spitälern, Palliativstationen und in Altenheimen erzählen von diesem Geheimnis.

Aspekte des Menschenbildes

Die Gottesfrage und das Gottesbild prägen entscheidend auch das Bild des Menschen. Wenn wir Wege pastoraler Arbeit planen, dann liegt der Seelsorge implizit oder explizit stets ein Bild vom Menschen zugrunde: Was ist sein Wesen? Was ist das Ziel seines Lebens? Was sind die Grundbedürfnisse, die ihn leiten? Einige Aspekte des Menschenbildes, das mich in den Überlegungen dieses Buches leitet, seien hier kurz angedeutet:

Der Mensch hat Anteil am göttlichen Leben

Dieser Gedanke kommt uns in der Heiligen Schrift an vielen Stellen entgegen. Wir Menschen sind im Innersten verbunden mit Gott. Einen klaren Ausdruck dieser Verbindung finden wir bei Matthäus: „Fürchtet euch nicht vor denen, die den Leib töten, die Seele aber nicht töten können." (Mt 10,28) Die Heilige Schrift spricht hier von einem göttlichen Leben, das Gott dem Menschen zuspricht und das ihm niemand nehmen kann. Die Würde des Menschen verdankt sich also nicht einer wohlwollenden Bewertung durch andere Menschen oder einem humanitären Impuls, sondern sie ist eine göttliche Gabe und Berufung. „Es ist etwas, das ich nicht nur ‚bin‘ oder das ‚mir gehört‘ oder ‚in mir ist‘, sondern es liegt mir voraus"[15], stellt Carlo Martini im Gespräch mit Umberto Eco fest. Weiter schreibt Martini: „Mit dem Augenblick der Empfängnis entsteht tatsächlich ein neues Wesen. Neu heißt, unterschieden von den zwei Elementen, die es durch ihre Vereinigung geschaffen haben. Dieses Wesen setzt einen Entwicklungsprozess in Gang, der dazu führt, dass daraus jenes Kind wird, das etwas Wunderbares ist, ein natürliches Wunder, in das man einwilligen muss. Es ist dieses Wesen, um das es geht, von Anfang an. Es besteht eine Kontinuität in der Identität."[16] Der entscheidende Gedanke, den wir in Texten der Heiligen Schrift finden, ist der, dass jeder Mensch von Gott bei seinem Namen gerufen ist. Er ist von Anfang an höchster Achtung würdig. Der Mensch ist der Adressat einer großen personalen Liebe. Das gibt ihm letztendlich die Würde, die ihm nicht genommen werden kann. Weil er von Gott geliebt ist, ist der Mensch mit höchster Achtung und Würde ausgestattet. Diese Würde kommt ihm unabhängig von Leistung, Beruf oder Ansehen zu. Die Grundbeziehung des Menschen ist die Beziehung zu seinem Schöpfer.

Pastoral steht immer im Dienste dieser fundamentalen Bindung, welche die Würde des Menschen ausmacht. Die existenzielle und theologische Grundfrage findet ihre Antwort auch in diesem Ansatz, nämlich in der Frage: Wohin führt der Weg letztlich? Woher kommt der Mensch letztlich? Wenn Gott die bestimmende Wirklichkeit ist, die dem Menschen Würde und Wert verleiht, dann wird er seine Schöpfung und seine Geschöpfe auch in die Fülle des Lebens führen. Liebe will immer das Beste für den Geliebten.

Grundweisen der menschlichen Existenz

Bereits 1927 spricht Martin Heidegger in „Sein und Zeit"[17] von verschiedensten Grundweisen der menschlichen Existenz, die auch unter Beachtung der Erkenntnisse der modernen Gehirnforschung und Entwicklungspsychologie noch immer entscheidende Grundkategorien menschlichen Lebens sind:

In der Welt sein

Menschliches Leben ist im Kern ein Geworden-Sein. Wir haben eine persönliche Geschichte, die uns zwar nicht determiniert, die uns aber wesentlich prägt. Pastorales Handeln wird deshalb immer seinen Blick auf das Geworden-Sein des Menschen legen, um sein Denken und die verschiedenen Handlungsweisen besser verstehen zu können. Wichtig ist es jedoch, nicht in der Vergangenheitsorientierung stecken zu bleiben, sondern sich bewusst zu sein, dass jeder Mensch und besonders auch der moderne Mensch, der in einer Multioptionsgesellschaft seinen Weg sucht, ein Wanderer in den Zeiten ist. Die Zugänge sind: Geworden-Sein. Vergangen-Sein,

Gegenwärtig-Sein. Zukunftsorientiert-Sein. In einem seelsorglichen Gespräch stellt sich stets die große Frage: Wo lebt
mein Gesprächspartner eigentlich in diesem Moment? Welche Basis einer geschichtlichen Existenz ist im Augenblick die
bestimmende?

Für-sich-Sein

Gesundes menschliches Leben ereignet sich immer in der Polarität von Rückzug und Kommunikation. In der Einsamkeit
merke ich, wer ich bin. In der Existenzanalyse sprechen wir
davon, dass es um die Selbst-Integration des Menschen geht.
Der Theologe Paul Tillich[18] spricht von der ontologischen Polarität von Individualisation und Partizipation. Unter Individualisation versteht er den Prozess, in dessen Verlauf der Mensch
zu einem Individuum wird, also zu einem Wesen mit seiner
speziellen Besonderheit. Partizipation meint nach Tillich den
Vorgang, der den Menschen zu einem sozialen Wesen macht,
mit seinen Fähigkeiten, an der Welt teilzunehmen. Beides, Für-
sich-Sein und Partizipation, ist für gesundes menschliches Leben bedeutsam und notwendig, wenn wir es aus der Sicht der
Psychologie betrachten. Diese Wahrnehmung hat Bedeutung
für die Pastoral. Eine Pastoral, die sich auch an den Bedürfnissen des Menschen orientiert, wird dies berücksichtigen.

Mit-Sein

Der Mensch ist ein soziales Wesen. Martin Buber drückt das
auf prägnante Weise aus: „Der Mensch wird am Du zum
Ich."[19] Ohne Zuwendung zum Du und ohne Achtung seitens
eines anderen Menschen ist eine gesunde Entwicklung kaum
vorstellbar. Deshalb ist dieses große „Ja" des Schöpfers zu
jedem Menschen von grundlegendster Bedeutung. Bildlich
gesprochen bewegt sich die Dialektik von Individualisation
und Partizipation im Spielraum einer Ellipse mit zwei Brenn-

Im Stallgeruch der Schafe

punkten. Das Ich und das Du bilden diese Brennpunkte. Person sein, Leben, steht immer im Bezug zu diesen beiden Brennpunkten der Existenz.

Existenzanalytische Strukturelemente menschlichen Lebens

Viktor Frankl entwickelt in seiner Existenzanalyse und Logotherapie ein Menschenbild, das helfen kann, in strukturierter und analytischer Form auf das Wesen des Menschen zu blicken. Frankl spricht von der Dimensionalontologie[20], wobei die verschiedenen Dimensionen – körperliche, psychische und geistige Dimension – einander gegenseitig bedingen. So setzt etwa die geistige Dimension Gefühle, Erleben und Verhalten voraus. Sie bedeutet quasi einen Bruch, denn hier ist es dem Menschen möglich, Stellung zu nehmen zu seiner Existenz durch die Orientierungsfähigkeit an Werten. Es ist das Phänomen der Freiheit. Die Fähigkeit zur Erkenntnis und zur Moralität sind Grundausdrucksformen der geistigen Dimension des Menschen. In dieser Dimension sieht Frankl auch einen wesentlichen Ansatz seiner psychotherapeutischen Vorgehensweise.

Die Methode der Einstellungsmodulation zum Beispiel ist darin begründet, dass die geistige Dimension genützt werden kann, um psychische Störungen zu behandeln. Der Mensch ist potenziell das verletzlichste Lebewesen, sowohl im körperlichen als auch im psychischen Bereich. Frankl meint jedoch, dass der Geist des Menschen nicht erkranken kann. Krank werden können nur die Ausdrucksformen des Geistes (z. B. das Gehirn). So lautet das psychiatrische Credo Frankls, dass sich der Mensch immer wieder zu der Situation, in der er sich befindet, die er durchlebt, neu einstellen kann.

Die letzte Dimension ist die geschichtliche. Damit ist alles das gemeint, was der Mensch im Laufe seines Lebens schafft. Diese Grunddimensionen eröffnen in der Psychotherapie einen differenzierten Zugang. Heilung muss dort ansetzen, wo die Ursache der Krankheit liegt. Heilung setzt gleichzeitig immer auch dort an, wo sich Quellen der Kraft finden. Die Geschichte jedes Menschen enthält Ressourcen, die Zuversicht und Kraft geben für den Weg. Wenn Seelsorge auch diese heilende Dimension beinhaltet, wird dieser differenzierte Blick auf die menschliche Existenz hilfreich sein.

Das große Welttheater

Im Werk „Das große Welttheater" von Calderón de la Barca, das 2014 auf dem mit einzigartigem Blick auf das Rheintal und den Bodensee wunderbar gelegenen Platz der Wallfahrtskirche Maria Bildstein vom Vorarlberger Landestheater aufgeführt wurde, wird sehr anschaulich und ohne Umschweife das Schicksal menschlicher Existenz beschrieben. Calderón übersetzt den Gedanken der „Bretter, die die Welt bedeuten" ins Leben – das Leben als Spiel, die Welt als Bühne. Vor den Augen des Zuschauers spielt sich das Werden und Vergehen ab und es stellen sich die entscheidenden letzten Fragen: Wie geht der Mensch mit seinem Leben um? Was ist das Ziel seines Daseins? Gibt es ein Ziel? Gibt es einen Sinn? Die Schöpfung teilt die Rollen zu. Jede Rolle repräsentiert einen bestimmten Aspekt des Lebens: der König, die Vernunft, die Schönheit, der Bauer, der Reiche, der Arme und ein ungeborenes Kind. Die Akteure erhalten, was sie für das Spiel ihrer Rolle brauchen. Die Bühne ist die Welt, die ein Tor hat für den Auftritt – die Wiege – und ein Tor für den Abgang – das Grab. Nackt betritt der Mensch diese Bühne, nackt muss er wieder abtreten. Unweigerlich kommt der Ausspruch von Hiob in den Sinn: „Nackt kam ich hervor aus dem Schoß meiner Mutter; nackt kehre ich dahin zurück. Der Herr hat gegeben, der Herr hat genommen; gelobt sei der Name des Herrn." (Hi 1,21)

Im Stallgeruch der Schafe

Menschliches Leben hat immer auch einen Auftrag, so wie er im Gleichnis von den anvertrauten Talenten zum Ausdruck kommt:

Es ist wie mit einem Mann, der auf Reisen ging: Er rief seine Diener und vertraute ihnen sein Vermögen an. Dem einen gab er fünf Talente Silbergeld, einem anderen zwei, wieder einem anderen eines, jedem nach seinen Fähigkeiten. Dann reiste er ab. Sofort begann der Diener, der fünf Talente erhalten hatte, mit ihnen zu wirtschaften, und er gewann noch fünf dazu. Ebenso gewann der, der zwei erhalten hatte, noch zwei dazu. Der aber, der das eine Talent erhalten hatte, ging und grub ein Loch in die Erde und versteckte das Geld seines Herrn. Nach langer Zeit kehrte der Herr zurück, um von den Dienern Rechenschaft zu verlangen. Da kam der, der die fünf Talente erhalten hatte, brachte fünf weitere und sagte: Herr, fünf Talente hast du mir gegeben; sieh her, ich habe noch fünf dazugewonnen. Sein Herr sagte zu ihm: Sehr gut, du bist ein tüchtiger und treuer Diener. Du bist im Kleinen ein treuer Verwalter gewesen, ich will dir eine große Aufgabe übertragen. Komm, nimm teil an der Freude deines Herrn! Dann kam der Diener, der zwei Talente erhalten hatte, und sagte: Herr, du hast mir zwei Talente gegeben; sieh her, ich habe noch zwei dazugewonnen. Sein Herr sagte zu ihm: Sehr gut, du bist ein tüchtiger und treuer Diener. Du bist im Kleinen ein treuer Verwalter gewesen, ich will dir eine große Aufgabe übertragen. Komm, nimm teil an der Freude deines Herrn! Zuletzt kam auch der Diener, der das eine Talent erhalten hatte, und sagte: Herr, ich wusste, dass du ein strenger Mann bist; du erntest, wo du nicht gesät hast, und sammelst, wo du nicht ausgestreut hast; weil ich Angst hatte, habe ich dein Geld in der Erde versteckt. Hier hast du es wieder. Sein Herr antwortete ihm: Du bist ein schlechter und fauler Diener! Du hast doch gewusst, dass ich ernte, wo ich nicht gesät habe, und sammle, wo ich nicht ausgestreut habe. Hättest du mein Geld wenigstens auf die Bank gebracht, dann hätte ich es bei meiner Rückkehr mit Zinsen zurückerhalten. Darum nehmt ihm das Talent weg und gebt es dem, der die zehn Talente hat! Denn wer hat, dem wird gegeben, und er wird im Überfluss haben; wer aber nicht hat, dem wird auch noch weggenommen, was er hat. Werft den nichtsnutzigen Diener hinaus in die äußerste Finsternis! Dort wird er heulen und mit den Zähnen knirschen. (Mt 25,14–30)

Menschliches Leben verlangt immer auch moralisches und ethisches Tun. In diesem Drama wird ein Wertekanon vertreten, der als Richtschnur für menschliches Handeln dient. Dieser könnte wohl sein: Liebe den Nächsten wie dich selbst! – Tue recht!

KAPITEL 3

Ziele pastoralen Handelns

Wohin gehen wir? Die Klarheit über die Grundfrage der Ausrichtung unseres Tuns entscheidet darüber, wo wir ankommen. Nur wer sich seiner Ziele bewusst ist und sich langfristig an seinen Zielen orientiert, der wird sie auch erreichen. Was ist das Ziel unseres pastoralen Handelns, unseres Kirche-Seins?

Hier können wir durchaus von den Wirtschaftswissenschaften und der Organisationspsychologie lernen. Simon Sinek, ein „Guru" auf dem Gebiet der Managementausbildung und Managementbegleitung, hat auf YouTube einen seiner Erfolgsvorträge gestellt, der bereits vierzehn Millionen Mal abgerufen wurde. In diesem Vortrag fragt er: Was macht denn eigentlich den Erfolg eines Unternehmens aus? Die Firma Apple zum Beispiel. Was macht den Erfolg dieser Firma aus, die doch eine Computerfirma wie viele andere ist? Warum ist gerade Apple so erfolgreich? Andere Firmen hätten viel mehr Geld, viel mehr Mitarbeiter, viel mehr Wissen.

Das Geheimnis des Erfolgs liegt nach Simon Sinek in den drei goldenen Kreisen, „The Golden Circles". Im äußersten Kreis steht das Wort „What", im nächsten steht das Wort „How", im Innersten steht das Wort „Why". Sinek meint, die meisten Unternehmen, die meisten Menschen fragen nur nach dem „What". Was mache ich? Mache ich einen schönen Computer? Mache ich einen guten Computer? Manche fragen sich dann schon nach dem „How". Ist er auch gut bedienbar, anwenderfreundlich, schnell? Nur ganz wenige fragen sich „Why". Was ist denn der Traum, die Idee, der Glaube, der dahintersteht, damit etwas erfolgreich wird?[21]

Den Menschen „schön" machen,
den Menschen groß werden lassen

Wir können viele Dinge gut und perfekt machen, alles bestens
organisieren: den Bau eines Hauses, die Organisation einer
Veranstaltung, eines Festes. Die Entwicklung und Vermark-
tung eines Produktes. Wir können das „What" und das „How"
voll beherrschen. Die große Frage ist aber das „Warum". Warum sollen Menschen gerade einen Computer einer bestimmten Marke kaufen? Warum sollen Menschen sich heute in der
Kirche engagieren? Warum sollen sie den Glauben an Gott
leben? Warum sollen sie Christus nachfolgen?
Die folgende Geschichte kann das illustrieren: Ein Kind hatte eine alte Puppe, die schon sehr zerzaust und schmuddelig
war, weil das Kind seine Schmusepuppe ständig bei sich hatte
und sie überallhin mitnahm. Und da begegnete dieses Kind
einer vornehmen Dame und diese meinte zum Kind: „Deine
Puppe ist aber schmutzig und gruselig. Komm, ich kauf dir
eine neue!" Das Kind schaute die Dame verwundert an, nahm
seine Puppe, hielt sie an sein Herz und zeigte sie dann dieser Dame wieder und sagte: „Jetzt ist sie wieder schön, meine
Puppe."
Eine berührende Geschichte, die uns zur zentralen Frage führen kann, was eigentlich die Quelle unseres Lebens, was denn
im Tiefsten der Wunsch Jesu ist. Er möchte den Menschen
schön machen. Und es stellt sich die Frage, was macht einen
Menschen im Innersten schön? Das muss nicht unbedingt
nur eine äußerlich sichtbare „Schönheit" sein, wie sie etwa im
Trend zur Ästhetisierung häufig der Fall ist.
„Die Liebe ist der Endzweck der Weltgeschichte." Dieser bekannte Gedanke von Novalis, dem Schriftsteller der Roman-
tik (1772–1801), gilt ganz besonders auch für die Pastoral
der Kirche. Die Geschichte der „schönen Puppe" führt in das
Zentrum des menschlichen Wesens und in das Zentrum des
christlichen Glaubens. Schon der Beginn unseres Lebens

zeigt, wie lebensnotwendig Liebe ist. Wir Menschen werden, so der Psychoanalytiker Adolf Portman[22], in einen „sozialen Uterus" hineingeboren. Im Unterschied zu den Tieren sind die Menschen noch lange nicht eigenständig lebensfähig. Das wichtigste Lebens-Mittel in den ersten Monaten und Jahren unseres Daseins ist die Zuwendung. Die Liebe ist das, was uns wachsen lässt, was Selbstvertrauen schenkt, was wir für unseren Weg brauchen. Wer mit kleinen Kindern zu tun hat, weiß, wie wichtig diese Kraft zum Leben ist. Zuwendung lässt Menschen aufblühen.

Eine Krankenpflegerin in einer Intensivstation für zu früh geborene Kinder berichtete sehr betroffen, dass dort ein kleines Mädchen geboren worden sei, knapp ein Kilo schwer. Die Mutter war schwer erkrankt und wurde zur selben Zeit in der Intensivstation behandelt. Der Vater war von dieser Fülle von Sorgen so erdrückt, dass er nicht imstande war, seine kleine Tochter zu besuchen, sie zu streicheln, ihr Wärme zu geben. Und doch, so meinte die Krankenschwester, bräuchte die kleine Anna in diesen Augenblicken nichts mehr als die zärtlichen Hände ihrer Eltern.

Wir spüren dieses Bedürfnis nach Berührtwerden, wir kennen es aus Erfahrungen unseres Alltags, aus unserer eigenen Lebensgeschichte. Es gibt viele prominente Zeugen, die das unterstreichen: „Ein Tropfen Liebe ist mehr wert als ein Ozean an Wille und Verstand", so meint der französische Philosoph Blaise Pascal (1623–1662). Und Hermann Kutter, ein Schweizer evangelischer Theologe (1863–1931), schreibt: „Liebe ist nicht Zutat zum Leben, sondern das Leben selbst." Die Liebe ist eine Kraft, die die Welt verändert. Martin Luther King formulierte das so: „Liebe ist die einzige Kraft, die einen Feind in einen Freund verwandelt."

Aber es geht nicht nur um ein Gefühl. Liebe ist weit mehr als nur ein Gefühl. Nicht die Gefühle machen die Liebe aus, sie begleiten sie nur. Gefühle haben wir, die Liebe geschieht. Gefühle wohnen im Menschen, aber der Mensch wohnt in der

Liebe. Die Liebe findet statt zwischen Ich und Du. Wer dies nicht weiß, kennt die Liebe nicht, auch wenn er die Gefühle, die er erlebt, genießt. Die Liebe ist so etwas wie eine Verantwortung eines „Ich" für ein „Du", so der Religionsphilosoph Martin Buber[23].

Auch die moderne Neurobiologie[24] untermauert diese Erfahrungen und Einsichten großer Denker. Wenn Menschen sozial ausgegrenzt werden, kommt es zu einer starken Aktivität der Schmerz-Nervenzellen im Gehirn. Ausgrenzung und Demütigung lassen die gleichen Nervenzellen aktiv werden wie ein körperlicher Schmerz. Dies führt zu heftigen Aggressionen und zu Abwehr.

Auch die „Social-brain-Hypothese" (wonach intensiveres Sozialleben zu größerer Gehirnentwicklung führt) macht deutlich, dass soziale Kontakte und Bindungen für die Entwicklung des Menschen unerlässlich sind. Ein Haupttrieb des Menschen ist es, Anerkennung, Wertschätzung und soziale Akzeptanz zu erlangen. Anerkennung und Wertschätzung erzeugen die gleichen Stimuli der Nerven, wie auch Freude und Genuss sie auslösen. Es gibt die Sehnsucht nach Zugehörigkeit und es gibt das Recht auf Zugehörigkeit. Auch die systemische Familientherapie kennt diese Dynamik in Familien- und teilweise sogar in Organisationssystemen. Wer dieses Recht auf Zugehörigkeit missachtet, wird durch das System bestraft.[25]

Zwei Beispiele können diese These veranschaulichen: Ein kleines Mädchen, sie besucht die erste Klasse Volksschule, erzählt, dass ein Mitschüler schlechte Zeugnisnoten bekommen hat und darum geweint hat. Alle Kinder in der Klasse waren aber der Meinung, dass der Junge sehr nett ist. Sie haben ihn getröstet, so erzählt das Mädchen, und zu ihm gesagt: „Wir haben dich gern." Die Kinder haben gemerkt, worauf es da ankommt. Auf das Dazugehören, auf die Wertschätzung und den Respekt.

Ich erinnere mich außerdem an ein Gespräch mit drogensüchtigen Jugendlichen, etwa achtzehn, neunzehn Jahre alt. Da ergab sich die große Frage, was denn eigentlich Sucht sei. Bei der Diskussion kam dann der Gedanke auf: „Was ist denn das Gegenteil von Sucht?" Eine drogenkranke Jugendliche meinte dann: „Das Gegenteil von Sucht ist Genuss." Die Folgefrage war dann: „Und was ist denn der größte Genuss im Leben eines Menschen?" Diese junge Frau antwortete darauf: „Der größte Genuss ist es, in der Hand eines anderen geborgen zu sein." – In den Armen eines anderen Menschen geborgen zu sein, das war der größte Genuss, die größte Sehnsucht dieser drogenkranken jungen Frau.

Viktor Frankl meint, dass Geborgenheit ein „unerhörtes Positivum" darstellt. Es ist das Gefühl des Geborgenseins, das den Menschen Kraft verleiht, und zwar ethische Kraft in Form von Verantwortungsbewusstsein und Bewältigungskraft im Hinblick auf Schicksalsschläge aller Art. Geborgenheit ist auch ein Königsweg, um das Urvertrauen zurückzugewinnen, das jemand vielleicht durch Kränkungen und Verletzungen verloren hat.[26] Einen weiteren Beleg für die Bedeutsamkeit der Aufmerksamkeit und des Geborgenseins finden wir bei Georg Franck in seinen Überlegungen zur Ökonomie der Selbstwertschätzung, in denen er schreibt:

> Auch und gerade unsere Selbstwertschätzung genügt sich nicht selbst. Was wir von uns selbst halten dürfen, hängt in eminentem Maße von der Wertschätzung ab, die wir von anderen empfangen. Weil wir Wertschätzung immer in Aufmerksamkeit verpackt empfangen, hat die Unersättlichkeit des Verlangens nach Zuwendung einen guten Grund ... Die höchsten und edelsten Ziele hier auf Erden lassen sich in den Auftrag zusammenfassen, diejenige Wertschätzung zu maximieren, die die eigene Person selbstkritisch und guten Gewissens für sich in Anspruch nehmen darf.[27]

Diese Gedanken führen uns zum Zentrum, nämlich zur Freundschaft mit Christus.

Im Stallgeruch der Schafe

Freundschaft mit Christus

Ich bin überzeugt, ein Ziel allen pastoralen Handelns ist die Freundschaft mit Christus. Jesus nimmt das Bild vom Weinstock und sagt: „Bleibt in mir, dann bleibe ich in euch. Wie die Rebe aus sich keine Frucht bringen kann, sondern nur, wenn sie am Weinstock bleibt, so könnt auch ihr keine Frucht bringen, wenn ihr nicht in mir bleibt." (Joh 15,4a–5) Und jeder weiß, man kann diese Grenzen nicht genau festlegen. Es ist ein tiefes Verbundensein, ein Ineinander-Wohnen.[28] Das Ziel ist die Freundschaft mit Christus.
Papst Franziskus lädt dazu ein, aus dieser Freundschaft mit Christus zu leben:

> Ich lade jeden Christen ein, gleich an welchem Ort und in welcher Lage er sich befindet, noch heute seine persönliche Begegnung mit Jesus Christus zu erneuern oder zumindest den Entschluss zu fassen, sich von ihm finden zu lassen, ihn jeden Tag ohne Unterlass zu suchen. Es gibt keinen Grund, weshalb jemand meinen könnte, diese Einladung gelte nicht ihm, denn ‚niemand ist von der Freude ausgeschlossen, die der Herr uns bringt'. (EG 3)

Wie aber soll sich der Mensch von heute diese Freundschaft mit Christus vorstellen? Jesus hat doch vor zweitausend Jahren gelebt, ist das nicht Illusion?, fragt sich der nüchterne Zeitgenosse. Das berührt die Grundfrage: Wie komme ich in die Erfahrung mit Gott? Wie kann ich in Berührung kommen mit Gott? Gott ist auch heute anwesend durch das Wort Gottes, durch die Sakramente, durch den leidenden Menschen, auch durch die Natur und die Stille. Diese Elemente können also hilfreich sein, die Freundschaft mit Christus zu entdecken: Gottes Wort, die Sakramente, die Sorge um die Armen.

Das Wort Gottes

Die Heilige Schrift kennen, heißt Christus kennen. Und Christus kennen, heißt Gott kennen. Es stärkt die Freundschaft mit Christus, wenn ich die Begegnung mit ihm in der Bibel suche. Hier finde ich viele anschauliche Bilder von seinem Leben, von seiner Art und Weise, wie er mit den Menschen umgeht – mit Aussätzigen, mit Kranken, mit ganz normalen Menschen. So kann ich mich identifizieren mit dem, was Jesus gewollt hat. Und das ist die Art und Weise, wie Gott sich heute zeigt: Jesus stellt Menschen in die Mitte. Er schenkt ihnen Aufmerksamkeit und Würde, wenn sie von anderen an den Rand gestoßen werden. Viele Begegnungen Jesu mit Menschen am Rande sind Geschichten des Aufrichtens. Menschen bekommen wieder ihre Würde, dass sie aufrecht stehen dürfen, dass sie die Erfahrung machen dürfen, sie sind wertgeschätzt, wertvoll. Sie finden wieder in ihr Selbstvertrauen, Urvertrauen in das Leben.

Sehr hilfreich erscheint es mir, unter der großen Überschrift der Fragen Jesu an die Menschen die Bibel zu betrachten. Ich sehe darin gleichzeitig die Fragen Gottes an mein Leben. Jesus hat nur ganz wenige Fragen gestellt, wie Johannes Bours in seinem Buch „Da fragte Jesus ihn"[29] aufzeigt. Diese 18 Fragen sind für mich ganz berührend und wegweisend, weil sie mich einladen, Stellung zu beziehen zu Gott. Eine große Frage Jesu an seine Jünger war diese: „Wollt auch ihr weggehen?" (Joh 6,67) Das ist auch die Einladung Jesu an mich. Will ich mit Jesus gehen? Will ich diese Grundhaltung, die Gott für diese Welt in Jesus Christus verkündet, auch leben? Eine andere entscheidende Frage für mich ist, wenn Jesus Petrus – und auch mich – fragt: „Liebst du mich?" (Joh 21,17) Es ist die grundsätzliche Frage: Ist das, was Gott will, etwas, das mein Leben innerlich berührt? Ist es etwas, wofür ich meine Liebe, meine Zuneigung, meine Energie, meine Beziehungsenergie einsetzen will? Oder das Gespräch Jesu mit dem blinden

Im Stallgeruch der Schafe

Bartimäus, dem Jesus die Frage stellt: „Was willst du, dass ich dir tue?" (Mk 10,51) Jesus heilt den Blinden nicht einfach nur so, sondern er stellt ihm ganz sensibel die Frage: Was ist denn dein tiefstes Bedürfnis als Mensch? Wahrscheinlich ist der tiefste menschliche Wunsch das Bedürfnis nach Zuwendung. Dass Gott mich als Mensch ganz aufmerksam wahrnimmt. Die Fragen Jesu an mich sind Fragen der Freundschaft.

Sakramente

Sakramente sind ein zweiter Weg zur Freundschaft mit Jesus. Sie sind Zeichen, Hinweise, Erfahrungen der Zuwendung Gottes zum Menschen und sind aktualisiert in symbolischen Handlungen und in gemeinsam gefeierten Freundschaftserfahrungen. Wenn ich an die Taufe denke: Das meint hineingenommen werden in diese Gemeinschaft der Erlösten, in die Gemeinschaft der Auferstehung. Wenn ich an die Firmung denke: das Gestärktwerden durch den Geist Gottes, der mir und jedem Menschen verschiedenste Gaben schenkt, damit das Leben gelingen kann, damit ich das Leben meistern kann, mit all den Fragen, die mir das Leben stellt. Oder wenn ich an die Eucharistie denke, die ein Signal ist auf den Auferstandenen hin, dass Jesus auch heute lebt durch das Zeichen des Brotbrechens und in der Erfahrung von Gemeinschaft. Wenn ich an die Krankensalbung denke, dieses Nahesein Gottes mit den Kranken, den Verwundeten, mit denen, die in der Seele und am Leib verletzt sind. Und schließlich das Bußsakrament, die Hinwendung Jesu zu den verwundeten und belasteten Seelen (siehe S. 61ff). So sind auch die Sakramente Freundschaftserfahrungen, die ich gemeinsam mit anderen mache und die mich in einer dichten, symbolischen Weise hineinnehmen in die Beziehung zu Gott.

Die Sorge um die Armen

Die Sorge um die Armen ist eine dritte Ausdrucksform der Freundschaft mit Christus. Der leidende Mensch ist ein Sakrament der Anwesenheit Gottes. Im Buch „Komm, sei mein Licht"[30] wird geschildert, dass Mutter Teresa auch stark von Glaubenszweifeln und Glaubensfragen gequält wurde, etwas, das man ihr nie zugetraut hätte. Ihr geistlicher Begleiter und Beichtvater macht hier die Innenseite der Seele von Mutter Teresa sichtbar. Dabei wird vor allem eines deutlich: In all ihrem Zweifel, in all ihrer Sorge und in all ihren Fragen, die sie vor dem Geheimnis Gottes hatte und die sie beschäftigt und verunsichert haben, hat sie eine Gewissheit nie verlassen, dass Christus im leidenden Menschen anwesend ist. Das ist der Grund, dass Mutter Teresa die Sorge um die Kranken, um die Sterbenden, die im Dreck Liegenden als eine der wertvollsten, wenn nicht die wertvollste Form des Gottesdienstes sieht, weil sie die ganz konkrete handgreifliche Zuwendung zu Christus ist.

Es gibt eine treffende Anekdote, die das unterstreicht. Ein amerikanischer Journalist kommt zu Mutter Teresa, er begleitet sie den ganzen Tag zu den Armen und Sterbenden und meint dann bewundernd zu ihr: „Das, was Sie hier tun, könnte ich nicht für 10.000 Dollar machen." Mutter Teresa ganz trocken darauf: „Ich auch nicht." Für Geld kann das niemand tun. Mutter Teresa kann das nur machen, weil sie im Leidenden, im zerschlagenen Menschen Christus sieht und weil sie sich sagt, wenn ich mich diesem Menschen zuwende, dann tue ich dasselbe, was Christus getan hat. Und ein Zweites, ich sorge für Christus, der in diesem verwundeten und zerschlagenen Antlitz und Körper präsent ist.

So ähnlich hat wohl auch Blaise Pascal diese Gegenwart Gottes in den Armen erfahren. Als Anhänger des Jansenismus, einer im Frankreich des 17. Jahrhunderts verbreiteten Bewegung in der katholischen Kirche, die sich auf die Gnadenlehre des Augustinus berief und als häretisch verfolgt wurde, wurde Pascal exkommuniziert und konnte die Eucharistie nicht mehr empfangen. Daraufhin habe er Sterbende in seine Wohnung aufgenommen und sie gepflegt. Da sei ihm Christus so nahe wie durch die Eucharistie, war seine Überzeugung.

Freundschaft erfordert die Bereitschaft, Zeit zu investieren und für den anderen offen zu sein. Das gilt genauso für die Freundschaft mit Christus. Darum ist die Meditation, der Versuch der mystischen Erfahrung, etwas ganz Zentrales für die Freundschaft mit Christus. Sie mündet hinein in das persönliche Beten (siehe S. 134ff).

Die Wunden der Menschen heilen und die Seelen der Menschen wärmen

Leid in der heutigen Welt hat unendlich viele Gesichter. Ein kurzer Blick auf die Nachrichten kann es uns vor Augen führen: Hunger und Katastrophen, Krieg und Terror, Gewalt und Ungerechtigkeit, Unfälle und Verbrechen, Armut und Arbeitslosigkeit. Wenn wir mit einem aufmerksamen Blick durch unsere Umwelt gehen, bemerken wir Menschen, die Leid erleben, die liebe Angehörige verlieren, die Angst haben, an psychischen Erkrankungen leiden ... An den großen Wunden des Menschen, an der „Tragischen Trias" von Leid, Schuld und Tod, wie es Viktor Frankl[31] formuliert hat, kommt kein Mensch vorbei. Armut in unserer Welt kennt viele Gesichter. Dramatisch und erschreckend realistisch beschreibt auch Jean Ziegler die neuen Herrscher der Welt und die apokalyptischen Reiter der Unterentwicklung: Hunger, Durst, Seuchen, Kriege.[32]

Nicht nur materielle Armut kann als sehr bedrückend erlebt werden. Eine tiefe Verwundung ist die Erfahrung, das Gefühl, unerwünscht zu sein – noch radikaler ausgedrückt, nicht existieren zu dürfen. Man braucht dabei nicht nur an ungeborene Kinder zu denken. Eine solche Erfahrung, dass man ausgegrenzt wird, nicht dazugehören darf, kann auch recht subtil sein. Das kann in der eigenen Familie sein, wenn ich an viele Dramen von Scheidungskindern denke. Sie können in einen Konflikt geraten, der sich zwischen den Eltern abspielt. Familientherapeutisch sollte ein solcher Konflikt eigentlich von den Kindern ferngehalten werden. Aber trotzdem erleben sie diese tiefe Verletzung, dass das Soziotop der Familie zerbricht und sie zwischen die Räder geraten. Oder ein geschiedener Vater, der keinen Zugang mehr zu seiner Tochter erhält, weil seine Frau das als Druckmittel verwendet. So etwas kommt natürlich auch in umgekehrter Richtung vor. Oder eine Großmutter klagt, dass ihre Schwiegertochter ihr den Umgang mit ihren Enkeln verwehrt und sie sich als unerwünscht erfährt. Das sind tiefe Verwundungen, die den Menschen ins innerste Mark treffen können.

Eine tiefe Verwundung können heute auch alte Menschen erleben, die sich wegen der erforderlichen aufwendigen Pflege in ein Pflegeheim abgeschoben fühlen. Gewiss, Sozialzentren sind ein großer Segen, die Mitarbeiterinnen und Mitarbeiter engagieren sich sehr und leisten Großartiges. Und doch ist das Faktum nicht aus der Welt zu reden, dass Menschen aus dem Familienverband und der gewohnten Umgebung herausgerissen sind. Und gleichzeitig dringt es ständig ins Bewusstsein, meine Hauptbeschäftigung ist das Warten auf den Tod. Da ist das Gefühl: Ich werde nicht gebraucht, ich bin eine Last, bin zu nichts nütze. Ich habe viele Tränen von Menschen in solchen Lebenssituationen gesehen und leidvolle Geschichten erlebt, die zeigen, dass es eine der tiefsten Verwundungen von Menschen ist, nicht dazugehören zu dürfen, unerwünscht zu sein.

Eine tiefe Verwundung ist auch die Situation von Asyl suchenden Menschen. Da ist jemand in existenzieller Not, sein Leben ist bedroht und er kommt in eine Gegend, in der Wohlstand und Sicherheit herrschen. Und ausgerechnet hier erlebt er oder sie sich im höchsten Maße unerwünscht. Auch das ist eine tiefe Kränkung.

Wieder eine andere Form von Verwundung ist Krankheit. Eine schwere Erkrankung bedeutet immer auch eine Zerstörung der Lebenspläne, der Lebensperspektiven. Sie erfordert vielleicht eine völlig neue innere Orientierung. Menschen sind dadurch oft im Innersten verwundet, weil ihr ganzes Lebensgefüge, ihr Selbstwert ins Wanken gerät.

Kränkung, Ausgrenzung, die Erfahrung des Nicht-erwünscht-Seins setzen die gleichen Botenstoffe im Gehirn frei wie körperliche Gewalt. Das belegt die moderne Gehirnforschung (Joachim Bauer, Gerald Hüther)[33]. Deshalb stellen Kränkung, Ausgrenzung, Wegsperren eine ganz massive Form von Gewalt dar und sie lösen auch Gegengewalt und Aggression aus.

Eine Verwundung ist auch die Schuld (siehe S. 61ff) – Menschen werden durch andere, durch Schuld, durch Liebesentzug, durch Kränkungen in einer tiefen Dimension ihres Wesens verletzt. So gibt es unendlich viele Beispiele, die bewusst machen, dass Menschen heute verwundet sind.

Die Gegenbewegung der Kirche und ihres pastoralen Handelns gegen all diese Verwundungen besteht darin, diesen Menschen ihre Würde zu geben. Sie tut damit genau das, was Jesus mit dem Mann mit der verdorrten Hand macht (Mk 3,1–6). Dieses Gleichnis zeigt Jesu Dynamik des Heilens unmissverständlich. Er stellt ihn in die Mitte der Aufmerksamkeit, und das tut er ausgerechnet am Sabbat. Man könnte sagen, wenn es um den Menschen geht, dann fährt Jesus bei „Rot" über die Kreuzung. Das Sabbatgebot ist weniger bedeutsam als die Sorge um den Menschen: „Der Mensch ist nicht für den Sabbat da, sondern der Sabbat ist für den Menschen da." (Mk 2,27) Wenn es also um den Menschen geht, um seine Not, dann werden auch viele Gesetze und Vorschriften relativ und verlieren ihre Bedeutung. Ihre Legitimation gründet nämlich in der Würde und im Heil des Menschen.

Der entscheidende Punkt dabei ist: Jesus stellt den Menschen in die Mitte. Verletzung, Verwundung heißt immer, aus der Mitte hinausgestoßen, an den Rand gedrängt zu werden. Wohl auch darum verwendet Papst Franziskus so oft dieses Bild des „an die Ränder gehen". Denn die Kranken, die Verwundeten, die Armen, die Hilflosen werden aus der Mitte der Aufmerksamkeit gedrängt und an den Rand geschoben. Heilung heißt, wenn man es biblisch-jesuanisch sieht, den Menschen in die Mitte der Aufmerksamkeit zu stellen – in die Mitte der Aufmerksamkeit der Menschen, aber auch in die Mitte der Aufmerksamkeit Gottes. Das wärmt die Seele und das Herz eines Menschen.

Das kann man schon bei einer Geburtstagsparty erleben – oder an Weihnachten beim Auspacken der Geschenke, wie wir es seit einigen Jahren in meiner Familie handhaben. Früher habe ich das in vielen Familien so erlebt: Man kommt zum Christbaum, sieht die vielen Geschenke, die Kinder stürzen sich darauf und jeder beschäftigt sich mit seinen Geschenken, er freut sich oder ist enttäuscht. Wir haben dann eingeführt, dass immer nur einer sein Geschenk auspackt und alle schauen ihm dabei zu. Das hat gleich mehrere Effekte: Das Geschenk, das ja so etwas ist wie materialisierte Zuwendung, materialisierte Liebe, steht im Mittelpunkt, und vor allem der Mensch selbst steht im Mittelpunkt. Man öffnet nicht nur so nebenbei in einer Ecke sein privates Geschenk. Dadurch wird die Freude größer. Das Geschenk leuchtet so stärker – und auch die Liebe, die dahintersteckt. Auf der anderen Seite strahlt auch der Beschenkte auf. Das ist nur ein kleines Beispiel mit derselben Dynamik wie das Gleichnis Jesu – den Menschen in die Mitte zu stellen. Pastorales Handeln meint dieses „In-die-Mitte-Stellen".

Auch Papst Franziskus geht es darum, den Menschen in den Mittelpunkt zu stellen, wie er in „Evangelii Gaudium" festhält:

Ich will keine Kirche, die darum besorgt ist, der Mittelpunkt zu sein, und schließlich in einer Anhäufung von fixen Ideen und Streitigkeiten verstrickt ist. Wenn uns etwas in heilige Sorge versetzen und unser Gewissen beunruhigen soll, dann ist es die Tatsache, dass so viele unserer Brüder und Schwestern ohne die Kraft, das Licht und den Trost der Freundschaft mit Jesus Christus leben, ohne eine Glaubensgemeinschaft, die sie aufnimmt, ohne einen Horizont von Sinn und Leben. Ich hoffe, dass mehr als die Furcht, einen Fehler zu machen, unser Beweggrund die Furcht sei, uns einzuschließen in die Strukturen, die uns einen falschen Schutz geben, in die Normen, die uns in unnachsichtige Richter verwandeln, in die Gewohnheiten, in denen wir uns ruhig fühlen, während draußen eine hungrige Menschenmenge wartet und Jesus uns pausenlos wiederholt: „Gebt ihr ihnen zu essen!" (Mk 6,37). (EG 49)

Vergib uns unsere Schuld

Die Menschen produzieren heute nicht nur sehr viel Abfall und Müll. Auch Schuld produzieren sie in gesteigertem Maße. So entstehen große Schulddeponien. Während eine geordnete Deponie einigermaßen erträglich ist, sind wilde Deponien gefährlich. Das gilt nicht nur für den Müll, sondern ebenso für die Schuld.

Schuldgefühle sind für die Gesundheit des Menschen äußerst notwendig, wie Psychologen bestätigen. Der Psychotherapeut Albert Görres[34] verwendet in diesem Zusammenhang einen Vergleich: Ein Mensch, der keinen Schmerz empfinden kann, lebt sehr gefährlich. Er greift zum Beispiel auf eine heiße Herdplatte, ohne es zu merken, kann sich aber damit schwer verletzen. Ähnliches gilt für Schuldgefühle. Sie sind im Grunde genommen Signale, die uns im menschlichen Leben zeigen: Du musst das oder jenes ändern. Wenn du so weitermachst, gerätst du in Gefahr, gefährdest du dein Leben oder das Leben anderer Menschen. Schuld wird in der heutigen

Zeit vielfach verdrängt, man entwickelt eine Meisterschaft darin, sie zu verzieren, vor sich herzuschieben, wegzudiskutieren.

Schuld kann uns in Bewegung bringen

Das Wort „Schuld" kommt vom indogermanischen „skal", das bedeutet „sollen". So könnte man sagen: Schuld entsteht dann, wenn der Mensch nicht ist, was er soll, oder nicht tut, was er soll. Schuld besteht also, psychologisch betrachtet, in der oft belastenden Spannung zwischen Sein und Sollen; in der Spannung zwischen dem, was wir sind, wie wir leben, wie wir unseren Tag gestalten, und dem, wie wir sein sollten, wie wir eigentlich zu sein wünschen. Diese Spannung könnte man als Schuldgefühl bezeichnen. Und da wird etwas offensichtlich: Das Schuldgefühl – wenn mit ihm gut umgegangen wird – birgt eine Energie in sich, die uns hilft, vom Sein zum Sollen hinüberzugehen. Wenn es auch mühsam ist: Gesunde Schuldgefühle können uns im positiven Sinn in Bewegung bringen.

Was ist Sünde?

Um von Sünde sprechen zu können, müssen bestimmte Voraussetzungen erfüllt sein. Dazu gehört etwa die menschliche Freiheit. Die folgende Erzählung über Fiorello Henry La Guardia, der als sozial engagierter Bürgermeister von New York unvergesslich in die Geschichte der Stadt eingegangen ist, kann das verdeutlichen:

> An einem Wintertag führte man ihm einen alten, vor Kälte zitternden Mann vor. Man hatte ihn in einem Laden beim Diebstahl eines Brotes ertappt. Sein Hunger trieb ihn einfach dazu. La Guardia sah sich an das Gesetz gebunden, das keine Ausnahme duldet. Deshalb verurteilte er den Mann zu einer Geldstrafe von zehn Dollar. Dann aber griff er in die eigene Tasche

und bezahlte den Betrag an Stelle des Angeklagten. Er warf die Zehndollarnote in seinen grauen Filzhut. Daraufhin wandte er sich an die Anwesenden im Gerichtssaal und bestrafte jeden einzelnen von ihnen mit einem Bußgeld von fünfzig Cent und begründete die Strafe mit dem Hinweis, dass sie in einer Stadt leben würden, wo sich ein Mensch zum Brotdiebstahl genötigt sieht, um nicht zu verhungern. Die Geldstrafe wurde sofort vom Gerichtsdiener mit dem grauen Filzhut kassiert und dem Angeklagten übergeben. Dieser traute seinen Augen nicht. Er verließ den Gerichtssaal mit 47 Dollar und 50 Cent.[35]

Großartig wird hier ausgesagt, dass dieser Mann zwar objektiv zu verurteilen ist: Er hat gestohlen, und das ist nicht recht. Auf der anderen Seite wird aber deutlich gezeigt: Er hatte im Grund keine andere Wahl, und das ist die Schuld der anderen, die ihn jetzt gerne als Verurteilten vor sich sehen würden. Zu wirklicher Schuld und Sünde gehört die Wahlmöglichkeit.

Muss sich jeder die Finger verbrennen?

„Der Mensch braucht ein System der Orientierung und ein Objekt der Hingabe", stellt Erich Fromm[36] fest. Das System der Orientierung meint die Ausrichtung an gegebenen Normen und Geboten – das, was lange Zeit praktiziert wurde und auch heute praktiziert wird: Das menschliche Leben soll sich an Normen und Gesetzen orientieren, wobei es nicht darum geht, dass Normen und Gesetze dem Menschen die Freiheit nehmen, sondern dass sie ihm helfen, bestimmte Erfahrungen nicht mehr selbst machen zu müssen. Gebote sind ein großartiger Erfahrungsschatz über Jahrhunderte hinweg. Dieser Erfahrungsschatz wird in kurzen Sätzen dargestellt und ist auch heute von Bedeutung, damit wir uns nicht jedes Mal selbst die Finger verbrennen müssen. Demgegenüber hinterfragen wir, wenn es uns um das Schicksal eines geliebten Menschen – ein „Objekt der Hingabe" – geht, die Normen nach ihrer Begründung. Wir alle leben im Beziehungsfeld: Gott–Ich Du–Welt Wenn wir zu etwas, zu jemandem eine Beziehung haben, dann merken wir auch, dass wir diese Beziehungen bisweilen verletzen. Je größer meine Liebe ist, desto empfindlicher bin ich auch für Verletzungen. Und insofern ist es ganz entscheidend für das Schuldverständnis, dass wir in unseren Beziehungen feinfühlig werden: Wie verletze ich die Natur, Gott und die Mitmenschen, mich selbst? Und das ist Schuld und Sünde.

Keine Schuld?

Und wenn da jemand sagt, „ich habe keine Sünde, keine Schuld", dann täuscht er/sie sich, wie es im 1. Johannesbrief heißt, oder es ist so, dass er/sie ein beziehungsloser Mensch ist. Ein Mensch, der Beziehungen hat, dem Dinge wichtig sind, der sündigt auch, wann immer er diese Beziehungen stört, verletzt, vernachlässigt. Sünde also als durchkreuzte menschliche Grundbeziehungen.

Das ist auch der Weg, den der Dekalog (Ex 20,2–17) geht. Am Anfang steht „Ich bin Jahwe, dein Gott"; am Anfang steht die Beziehung. Und dann könnte man weiterdenken: „... und daher wirst du doch wohl keine anderen Götter haben, du wirst doch nicht töten, du wirst doch nicht Ehe brechen ..." Die Beziehung, die Liebe Gottes, liegt auch den Geboten als Erstes zugrunde.

Chancen und Gefahren im Umgang mit Schuld

Schuld ist unangenehm, belastend, peinlich, schmerzlich. Es gibt viele psychische Tricks, mit denen wir versuchen, Schuldgefühlen und belastenden Gedanken aus dem Weg zu gehen.

—*Kompensation:* Wenn jemand versucht, Schwächen auszugleichen, zum Beispiel beruflichen Frust durch private Beschäftigung mit Hobbys, durch vermehrte Leistung auf einem anderen Gebiet.

—*Projektion:* Man unterstellt seine eigenen Motive, Gedanken, Wünsche und Fehler einem anderen. Man schließt sozusagen von sich auf andere. Mit einem Bild könnte man das so beschreiben: Jeder sitzt auf einem Hügel – seiner „Schulddeponie" – und ist eifrig damit beschäftigt, auf die Deponien der anderen zu zeigen, ohne zu merken, dass er selbst auf einer „Müllhalde" sitzt.

—*Regression* meint, wenn man in kindliche Verhaltensformen zurückfällt, um jemanden zu bestrafen oder einen eigenen Wunsch durchzusetzen: Man weint, bekommt Migräne, läuft einfach weg, schmollt tagelang, spielt den Hilflosen und Gekränkten.

—*Verschiebung* bedeutet, seine Wut an unschuldigen Personen abzureagieren, wenn sich zum Beispiel ein Vorgesetzter, der sich seiner Frau gegenüber schuldig gemacht hat, an den untergebenen Mitarbeitern abreagiert, Lehrer an den Schülern, Eltern an den Kindern usw.

—*Interpretation:* Wenn man sehr gut weiß, wie man das Verhalten anderer Menschen zu interpretieren hat, ohne dass man sich seiner Behauptung sicher ist. Eine solche Interpretation, die oft über eigenes Unbehagen hinwegtröstet, ist heute: „Ich gehe nicht mehr in die Kirche, da dort eh nur Menschen sind, die ihre neuen Kleider zeigen wollen." Eine relativ primitive Form der Schuldverarbeitung. Ehrlicher ist wohl, zu den wirklichen Motiven zu stehen.

—*Verkehrung* ist es, wenn jemand Schuld verdrängt und auf der anderen Seite überfreundlich auftritt. Das sind oft Menschen, die irgendwie eine unechte Freundlichkeit ausstrahlen. Scheinfreundlichkeit und übertriebene Hilfsbereitschaft gehören wohl dazu.

—*Rationalisierung und Intellektualisierung* meinen wortreiches Zerreden, d. h. eine Tat wird so lange begründet, zerredet, bis man selbst glaubt, dass man gar nicht anders handeln konnte.

—Um *Verführung,* geteilte Schuld handelt es sich, wenn man

einen anderen einfach mit hineinzieht, um nicht allein schuldig zu sein. Kinder machen das öfter. Sie ziehen andere Freunde mit, um von der Schuld etwas entlastet zu sein.

Warum umkehren?

All das sind fragwürdige Formen des Umgangs mit Schuld, die im Grunde genommen schlecht und schädlich sind. Wenn wir auch alle diese negativen Formen kennen, so ist uns doch unmittelbar klar, dass es andere Wege der Bewältigung geben kann und geben muss. Eine Frage stellt sich jedoch noch vorher: Welche Motive können uns zur Umkehr bewegen?

Der erste Grund für die Umkehr ist schlicht und einfach: Die Liebe Gottes gibt uns die Möglichkeit dazu. Es ist etwas Großartiges in unserem Glauben als Christen, dass Christus uns die einmalige Möglichkeit schenkt, umzukehren. Gott schenkt uns die Freiheit. Freiheit heißt auch, dass wir sündigen können, aber er schenkt uns in dieser Freiheit immer wieder seine offene, versöhnende Hand. Die Liebe Gottes zu uns ist so groß, dass wir immer wieder zurückkommen können. Es ist vergleichbar mit der Liebe eines kleinen Kindes zu seiner Mutter. Das Kind hat das Gefühl: „Auch wenn mir etwas Schreckliches passiert ist, ich kann zurück! Und ich weiß, wenn auch die Mutter nicht sagen wird, es ist alles in Ordnung, sie wird mich doch spüren lassen, dass ich trotzdem geliebt und angenommen bin."

Die Freude am Guten

Ein weiterer Anstoß, Schuld ehrlich aufzuarbeiten, ist die Freude am Guten. Ich glaube, und hier bin ich Optimist, dass es jedem Menschen Freude bereitet, Gutes zu tun. Wenn es auch angesichts so mancher Tragödien in der großen und kleinen Welt fast utopisch klingt: Im innersten Kern ist jeder Mensch gut, davon bin ich überzeugt. Und mit dieser Meinung bin ich in guter Gesellschaft – angefangen bei Origenes über den hl. Augustinus bis hin zu Psychologen von heute. So vertritt der Verhaltensforscher Irenäus Eibl-Eibesfeldt die These, dass der Mensch im Innersten gut sei, und er widerspricht damit der Schule von Konrad Lorenz, der sagt, die Grundmotivation menschlichen Verhaltens sei die Aggression.[37]

Sehnsucht nach Sinn

Ein drittes Motiv ist die Sehnsucht nach Sinn. Viktor Frankl[38] sagt, jeder Mensch kenne als die Grundmotivation seines Lebens den Willen zum Sinn, den Willen zum Sinnvollen. Frankl nennt das „Sinnorgan" Gewissen, jenes „Organ" in uns Menschen, das uns hinordnet, uns hinzieht zum Sinnvollen. Der Wille zum Sinn, den jeder Mensch für sein Leben hat, ist Kraft für die Veränderung.

Versöhnung und Gesundheit

Ein weiteres Motiv für die Umkehr ist auch der Zusammenhang von Versöhnung und Gesundheit. Ich möchte zwei Zugänge beschreiben: einen aus der Heiligen Schrift, den anderen aus der Medizin. Der Evangelist Lukas berichtet, wie man einen Lahmen zu Jesus bringt (Lk 5,17). Und es ist ja nicht schwer, zu erraten, was ein Lahmer als Erstes ersehnt: Er möchte natürlich geheilt werden. Jesus hingegen reagiert ganz anders. Als Erstes spricht er den ganz entscheidenden Satz: „Mensch, deine Sünden sind dir vergeben." Erst dann heißt es: „Steh auf, nimm dein Bett und geh umher." Sündenvergebung und körperliche Gesundheit hängen unmittelbar zusammen. Für Jesus ist das Erste die Vergebung von Schuld. Eine ähnliche Erscheinung kennt auch die Medizin. Man kennt dort den Zusammenhang zwischen Sinnerfüllung, Affekt- und Immunlage. Es gibt Untersuchungen in der Psychosomatik[39], die ganz eindeutig ergeben, dass eine gestörte Affektlage das Immunsystem des Menschen schwächt und dass die Sinnerfüllung die Affektlage stärkt. Das heißt, ich kann nicht Gefühle direkt beabsichtigen, herbeizwingen, aber ich kann versuchen, sinnvoll zu leben. Wenn ich sinnvoll lebe, dann wirkt sich das auf meine Gefühle aus und meine Gefühlswelt beeinflusst meine Gesundheit.

Die „geordnete Deponie": reife Form der Schuldentlastung

Drei Voraussetzungen gehören zu einer reifen Schulderfahrung. Grundlegend ist das Bewusstsein freier Verantwortung. Das besteht nicht bloß in der Einsicht, mit einer bestimmten Handlung eine Norm oder eine abstrakte Ordnung übertreten zu haben, sondern auch in der Überzeugung, dass man ebenso hätte anders handeln können.

Schuld meint in erster Linie die Verletzung oder (Zer-)Störung der Lebensgestalt des Nächsten, meiner selbst oder der Umwelt. Ein reifes Gewissen ist durch reale Beziehungen vermittelt und verweist auf Ansprüche, die sich aus diesen Beziehungen ergeben. So besteht ein zweites Element reifer Schulderfahrung darin, dass jemand weiß, an wem und vor wem er schuldig geworden ist, wessen Leben er gestört hat.

Ein drittes Element einer reifen Schulderfahrung liegt darin, erkannte Fehler und erfahrene Verletzungen auch aussprechen und bekennen zu können. Hinzu kommt die Hoffnung auf Vergebung, die Versöhnung durch Gott.

Wegweiser für die Umkehr

Wenn wir Umkehr als Weg verstehen, dann stellt sich die Frage: Gibt es Hinweisschilder auf diesem Weg, die mir Orientierung geben?

—Auf einem ersten Schild steht *„Stille"*. Dazu ein Vergleich aus dem Straßenverkehr: Wer mitten im lärmenden Strom des Verkehrs fährt, kann nicht umkehren. Für dieses Manöver muss man zuerst ausscheren, auf die Seite fahren. Räume der Stille – seien sie in einer Kirche, im religiösen Leben, im normalen Alltag – sind Orte der Wende, des Neuanfangs.

—Auf einer weiteren Tafel ist zu lesen: „Mutiges *Anerkennen der Schuld.*" Eine erkannte Schuld ist noch lange keine anerkannte Schuld. Der Mensch kann viele „Entschuldigungen" für sein Verhalten finden: Schuld seien die Erziehung, die Umwelt, die Lebensverhältnisse oder es handle sich gar nicht um Schuld, sondern bloß um Fehler und Schwächen. Man erkennt zwar die Schuld, fühlt sich aber nicht verantwortlich dafür. Ruhiges und ehrliches Anerkennen der Schuld ist schwierig. Es setzt Vertrauen voraus, das keine Verletzung fürchtet. Es setzt Selbstvertrauen voraus, das Anerkennung von zu verantwortender Schuld nicht mit dem Verlust der Selbstachtung gleichsetzt. Ein Vergleich mit der Suchttherapie drängt sich auf: Ein Alkoholkranker, der nicht zugeben kann: „Ich bin Alkoholiker", kann nicht geheilt werden. Anerkennung ist Voraussetzung für Wandlung und Veränderung.

—„*Benennen und Bekennen der Schuld* in einem Raum des Vertrauens" steht auf einer anderen Tafel. Vieles, was nicht ausgesprochen wird, was nicht angenommen wird, ist belastend und bleibt belastend für uns. Benennen und Bekennen sollen bewirken, dass aus einem diffusen Gefühl der Schuld, der Unlust, der Depression im Aussprechen und Bereden ein „spitzer Schmerz" wird. Dieser Schmerz ist kurz, er ist groß, aber er führt zur Heilung und somit zur Erlösung – ein Prinzip, das auch aus der Psychotherapie bekannt ist.

—An „*Wiedergutmachung*" erinnert eine weitere Tafel. Ein Schritt eines realistischen Umganges mit der Schuld und den berechtigten Schuldgefühlen besteht im Versuch der Wiedergutmachung. Von Bußauflagen, Tarifbuße, Vorsatz ...

ist darum in der Bibel und in der Praxis der Kirche die Rede. Auch die Psychologie schreibt dem Vorgang der Wiedergutmachung große Bedeutung zu. Dabei gibt es drei Möglichkeiten, Schuld seelisch zu bewältigen: Wiedergutmachung an demselben Objekt, Wiedergutmachung an einem anderen Objekt und Wiedergutmachung durch Umdenken. Alle diese Formen können das Schuldgefühl auflösen, sie können das Selbstwertgefühl eines Menschen wiederherstellen und das Lebenswertgefühl anheben.

Schritte der Umkehr

Umkehr ist ein Weg und vollzieht sich in mehreren Schritten (Phasen). Um ein „Wendemanöver" fruchtbar begleiten zu können, ist die Kenntnis dieser Phasen sehr hilfreich.

—*Phase des Schocks:* Damit ist ein „heilendes Erschrecken" über die eigene Situation oder den eigenen Zustand (Schuld, Sünde) gemeint. Es wird klar, dass eine Veränderung stattfinden muss.
—*Kontrollierte Phase:* Man erfährt das tief greifende Erschrecken als bedrohlich, hält aber die persönliche Erschütterung unter Kontrolle und schafft weder Raum noch Zeit für diese Krise. Es treten einzelne Formen von Schuldbewältigung in Kraft.
—*Auflösung:* Dieser Prozess hat etwas zu tun mit „Sterben" im biblischen Sinn. Etwas von einer Person muss sterben, manche Gewohnheit oder Eigenheit muss sich auflösen.
—*Neuorientierung:* Hier liegt der Einschnitt: Auflösung und Neuorientierung. Hier beginnt der Versuch, sich eine neue Lebensweise anzueignen. Der alte Mensch wird abgelegt und der neue, nach Christus geformte Mensch wird angezogen – um mit den Worten des Apostels Paulus (Eph 4,22–24) zu sprechen.

Im Stallgeruch der Schafe

Trauerarbeit: Die Hoffnung ist es, die mich den neuen Weg gehen lässt. Das Verlassen des Alten ist oft schmerzlich und daher mit (massivem) Widerstand verbunden. Es geht mit viel „Trauerarbeit" einher, ein anderer, neuer Mensch zu werden.

Hoffnung und der Mut zur positiven Schuldbewältigung sind nichts Selbstverständliches. Jede bereits gelungene Umkehr aber verstärkt die Hoffnung und den Mut für weitere Schritte der Umkehr und Schuldbewältigung. Die Hoffnung, die in einmal erlebter Umkehr und Versöhnung entstanden ist, kann den Menschen als treibende Kraft für die zukünftige Auseinandersetzung mit der Schuld begleiten.

Beichte: erlösendes Gespräch und heilende Erinnerung

Das Erlebnis der Befreiung ist dort möglich, wo man sich mutig der eigenen Schuld stellt. Im Sakrament der Versöhnung, der Beichte, ist das, kurz und einfach gesagt, in einen liturgischen, gottesdienstlichen Vollzug gebettet. Einsicht, Anerkennung, Benennen und Bekennen, Wiedergutmachung von Schuld, Hoffnung auf Verzeihen usw. sind in der Beichte in einen Gottesdienst, in ein Geschehen vor den Augen Gottes, gekleidet.

„Wer sich des Vergangenen nicht erinnert, ist verurteilt, es zu wiederholen." Dieser Ausspruch auf einer Steintafel im Konzentrationslager Dachau, einem erschütternden Mahnmal menschlicher Schuld, ist für mich zu einem persönlichen Leitsatz in meinem Umgang mit Schuld und in meinem Zugang zur Beichte geworden. Die „heilende Erinnerung" ist eine Möglichkeit, die belastende Schuld zu durchbrechen. Dies geschieht in der befreienden Erfahrung, dass man die Schuld nicht zu verbergen braucht, sondern sie aussprechen kann und spürt, dass man trotzdem angenommen ist.

Die Beichte kann so also zu einem Ereignis werden, in dem die verwundete Vergangenheit geheilt wird. Dinge, die man nicht bearbeitet, die man irgendwie versteckt, unter den Teppich kehrt, kommen in Situationen der Not, der Angst immer wieder zum Vorschein. Heilende Erinnerung löst den Bann des Vergangenen, indem sie beim Namen nennt, was den Sünder in seinem Verhältnis zu sich selbst und zu seinen Mitmenschen bindet. Sie eröffnet ihm so die Möglichkeiten, sein gegenwärtiges Unheil von den Wurzeln her aufzuarbeiten.

Es könne eine größere Sünde sein, unsere Sünden zu vergessen, als sie zu begehen, meint der Pastoraltheologe Henri Nouwen[40]. Er sieht in der Erinnerung eine überaus bedeutende geistliche Kraft. Warum wohl? Weil etwas, das vergessen ist, nicht geheilt werden kann, und weil das, was nicht geheilt werden kann, leicht die Ursache für größeres Übel wird: Ein vergessenes Auschwitz führt zu neuen Lagern des Grauens und ein vergessenes Hiroshima kann zur Zerstörung unserer Erde führen.

Beichte: Zeichen der Liebe Gottes

Die Beichte kann zu einem persönlichen Ereignis werden, in dem die verwundete Vergangenheit geheilt wird und das mir eine von Gott geschenkte Zukunft eröffnet. Es geschieht Versöhnung mit sich selbst sowie mit Gott und den Mitmenschen. Gott begegnet dem Sünder in Jesus Christus als der exemplarische geringste Bruder, der all sein Versagen ausgehalten hat und die Aufarbeitung der Schuld in brüderlicher Solidarität mitträgt.

Reue, Bekenntnis, Lossprechung und Wiedergutmachung sind ein innerer Heilungsprozess, bei dem Gott dem glaubenden Menschen als Verzeihender und Liebender begegnet. Die Beichte ist Sakrament: Zeichen der Liebe und Nähe Gottes. Die Synode zum Thema Versöhnung und Buße im Sendungsauftrag der Kirche (1983) und das daraus entstandene Apostolische Schreiben „Reconciliatio et Paenitentia" legen den Akzent

Im Stallgeruch der Schafe

der Buße auf den personalen Vorgang, der seinen vornehmsten Ausdruck wohl in einem erlösenden und heilenden Gespräch über meine Schuld hat.[41] Dafür sprechen der exegetische Befund, die pastorale und psychotherapeutische Erfahrung. Das heißt, dass die Synode sicher recht hatte, wenn sie die personale Beichte zur Zielform erklärte, was die Bedeutung der anderen Bußformen nicht herabmindert. Das Bekenntnis ist keine Belanglosigkeit am Rande. Es bleibt eine fundamentale Wahrheit: Der Mensch ist ein Sünder, der der Versöhnung bedarf – und diese Versöhnung gibt es. Bewältigte Schuld ist ein Segen in unserer Gesellschaft und in unserem persönlichen Leben. Verdrängte Schuld aber stellt gefährliches Dynamit dar.

Schuld bekennen hilft und heilt

— Im Bekenntnis der Schuld und Sünden nimmt der Mensch persönlich unverwechselbar Stellung. Er erklärt sich als der, der anders hätte handeln können. Er übernimmt Verantwortung.

— Das Aussprechen von Schuld im Bekenntnis verdichtet die diffuse und labile Wirklichkeit des menschlichen Herzens. Die sündige Tat wird dort wirklich aus dem Herzen entlassen, wo das Bekenntnis nicht in der Abgeschlossenheit des Herzens Gott gegenüber abgelegt wird, sondern wo es aus dem Kreis möglicher Selbsttäuschung hinaus sich einem anderen gegenüber objektiviert.

— Ein Bekenntnis schließt immer die Bereitschaft zur Umkehr mit ein. Durch sein Bekenntnis gibt der Mensch zu verstehen, dass er Abstand nehmen und eine Richtungsänderung eingeschlagen will. Er distanziert sich von der Schuld.

— Das Bekenntnis ist ein persönliches Zeugnis von der Liebe Gottes. Schuldbekenntnis ist befreiendes Glaubensbekenntnis. Das beeindruckt mich persönlich immer wieder am meisten. Ein Mensch, der seine Schuld bekennt, macht sichtbar, dass wir als Glaubende mit leeren Händen vor

Gott stehen und uns nicht durch die eigene moralische Leistung, sondern durch das Vertrauen auf die grenzenlose Güte Gottes gerettet wissen.

Die Bibel zu Schuld und Vergebung: Jesu Heilslogik durchbricht Grenzen

Die Heilsbotschaft Gottes, dessen Name ja lautet „Jahwe – ich bin da für euch und mit euch", bildet immer den Hintergrund, vor dem die Umkehrpredigten der Propheten und das Neue Testament von Schuld und Versöhnung sprechen. Die Rede von der Schuld muss darum immer in Verbindung mit der Rede von Erlösung, Befreiung und Versöhnung stehen. In einer erlösten Atmosphäre wird die Erfahrung menschlicher Liebe zum Anstoß für Umkehr.

Gewöhnlich verbindet man mit Umkehr eine innerliche, geistliche Haltung. Eine biblische Betrachtung, vor allem wie sie uns im Alten Testament entgegentritt, lässt den Glauben sowie die Umkehr als „Wegprogramm" erfassen: Die Wanderung der Patriarchen, Exodus und Wüstenwanderung des Volkes Israel, Jesu Aussage „Ich bin der Weg ...", Kirche als Weggemeinschaft. Umkehr ist eine dynamische Bewegung nach vorne. Paulinisch ausgedrückt: ein Wachsen und Reifen des Menschen, dass Christus in ihm Gestalt werden kann. So ist zum Beispiel das alttestamentliche Wort für Umkehr „sub" ein Be-weg-ungsverbum. Der Weg ist, kurz gesagt, ein Urwort der Menschheit: Religionen verstehen sich als Wege, die den Menschen das Ziel des Lebens erschließen. Glaube bedeutet Aufbruch, Offenheit und Wegfähigkeit. Man spricht von Lebenswegen und man sagt auch: Die ganze Welt ist in Bewegung. So wird deutlich, dass in der Wegsymbolik eine Chance liegt, Umkehr und Versöhnung zu verkünden und erfahrbar zu machen.

Im Stallgeruch der Schafe

Umkehr und Versöhnung

In welcher Form Umkehr erfolgen soll, kann aus der Bibel nicht abgeleitet werden. Wenn es auch im Alten Testament bestimmte Formen von Sühneriten gegeben hat, so wurden sie aber ab dem Zeitpunkt infrage gestellt und kritisiert, ab dem ihnen das Entscheidende fehlte: die wirkliche und tiefe Begegnung mit Gott und das Bemühen um eine neue Beziehung zu Jahwe. Ähnliches gilt für das Neue Testament. Aus dieser Tatsache entsteht aber auch die Möglichkeit, bei einer allgemeinen menschlichen, in ihrer konkreten Ausgestaltung aber sehr unterschiedlichen Erfahrung anzusetzen: der zwischenmenschlichen Versöhnung. Sie ist der einzige Weg, der die menschliche Sehnsucht nach Frieden auch Wirklichkeit werden lassen kann. Man muss bei diesem „horizontalen" Ansatz aber darauf bedacht sein, dass man nicht bei einem bloß humanitären Engagement stehen bleibt, einer Religion des bloßen „Seid nett zueinander". Dies wäre wohl biblisch nicht gerechtfertigt und eine gefährliche und folgenreiche Vereinfachung.

Jesu Heilslogik sprengt Vergeltungsdenken

Ganz deutlich wird in der Heiligen Schrift, dass die Vergebung und Versöhnung alle scheinbar logischen Abfolgen sprengt: Aktion – Reaktion; Schuld – Strafe; Verletzung – Hass; Feindeshass. Vielmehr entspringt die Aufforderung Jesu einer „Heilslogik". Die Vergebung/Versöhnung richtet sich an jeden Menschen und ist unbegrenzt – sogar gegenüber dem Feind (Mt 18,21–22.19,35 usw.). Diese Vergebungs- und Versöhnungsbereitschaft, die Hass, Rache, Vergeltung, Trennung, Verfolgung usw. überwindet, ist einerseits von der Mitmenschlichkeit her (Goldene Regel) und andererseits von der durch Jesus endgültig offenbarten Vergebungszusage Gottes her motiviert (Mt 6,14–15; Lk 15,11–32 usw.). „Wenn sich der Mensch wirklich auf die Zusicherung verlassen kann, dass Gott uns so annimmt, wie wir sind, auch mit unseren Traumata, Schmerzen, Narben und Problemen, dann kann bereits das bloße Wissen um dieses Angenommensein in manchen Fällen ein sichereres Ausruhen (und eine Erholung von dem selbst verursachten Stress und den eigenen Dämonen) bieten als ein Kissen auf der Couch eines Psychoanalytikers."[42] Diese „Heilslogik" kann und darf unseren Umgang mit Schuld bestimmen.

Umkehr heilt

Gerade dieser Aspekt der Umkehr gewinnt heute zusehends an Bedeutung. Denn viele sind gequält von falschen Schuldgefühlen und schweren Gewissenskonflikten. In vielen Fällen führen diese zu psychischer und wohl auch zu körperlicher Erkrankung. In diesem Zusammenhang erscheint der in der Bibel wichtige Zusammenhang von Sündenvergebung und Heilung in neuer Aktualität. Besonders der Evangelist Lukas macht deutlich, dass die Vergebung ganz deutlich als eine Tat der Heilung aufgefasst wird. Daher sollte das in vielen Fällen dominierend gewordene richterliche Element in der Beichte zugunsten des therapeutischen wieder an die richtige Stelle verwiesen werden.

Umkehr ist ein Geschenk Gottes

Die biblischen Texte zum Thema Umkehr machen eindringlich klar, dass Umkehr nicht zuerst Leistung und Tat des Menschen ist, sondern ein Geschenk der Liebe Gottes. Das geht sogar so weit, dass die Propheten dem Volk sagen, dass es überhaupt nicht im Bereich seiner Möglichkeiten liege, umzukehren. Auch Jesus schenkt Vergebung und Verzeihung, genauso, wie sich die Menschen Vergebung und Verzeihung schenken. Es ist leicht, zu verstehen, dass derartige Texte dem Lebens- und Selbstwertgefühl sowie dem Leistungswillen des Menschen unserer Zeit entgegenstehen, und das macht

Im Stallgeruch der Schafe

die Bemühungen um eine zeitgemäße Umkehrpastoral so schwierig. Solche Aussagen mahnen zu Demut. Es sind nicht pädagogische Methoden und Theorien, sondern es ist vor allem Gott, der die Menschen zur Umkehr führt und heilende Vergebung ermöglicht. Die Bußpastoral steht im Dienste dieser Heilszusage und Versöhnungsbereitschaft Gottes.

Pastoral als Beitrag zur menschlichen Gesundheit

„Wunden zu heilen und die Herzen der Menschen zu wärmen." Diesen pastoralen Auftrag der Kirche stellt gerade Papst Franziskus sehr klar in den Vordergrund:

> Ich sehe ganz klar, dass das, was die Kirche heute braucht, die Fähigkeit ist, die Wunden zu heilen und die Herzen der Menschen zu wärmen – Nähe und Verbundenheit. Ich sehe die Kirche wie ein Feldlazarett nach einer Schlacht. Man muss einen schwer Verwundeten nicht nach Cholesterin oder nach hohem Zucker fragen. Man muss die Wunden heilen. Dann können wir von allem Anderen sprechen. Die Wunden heilen, die Wunden heilen ... Man muss unten anfangen.[43]

Spiritualität und Religion stellen auch bedeutsame Aspekte menschlicher Gesundheit dar. Ein Blick auf die Bibel macht rasch klar: Das Heilen, das Heil des Menschen steht im Zentrum der biblischen Botschaft. Man könnte durchaus sagen, es ist der Wunsch Jesu und es ist die Aufgabe der Kirche, den Menschen zum Heil zu führen. Das Heil ist das Zentrum und das Ziel des Wirkens der Kirche. Der Mensch ist der Weg der Kirche.

Was ist Gesundheit?

Der Gesundheitsbegriff ist sehr vielschichtig. Er hat soziale Komponenten, er hat genetische Komponenten, er hängt zu-

sammen mit Ernährung, mit Umwelt, mit Hygiene, mit Klei-
dung, mit Bewegung und vielem mehr. Die offizielle Definition der Weltgesundheitsorganisation WHO von Gesundheit
lautet: „Gesundheit ist ein Zustand des vollständigen körperlichen, geistigen und sozialen Wohlergehens und nicht nur das
Fehlen von Krankheit oder Gebrechen."[44]
Dieser Gesundheitsbegriff unterscheidet sich jedoch grundlegend von einer richtungsweisenden neueren Sichtweise, der
Salutogenese. Entstanden als Gegenbegriff zur Pathogene-
se, der Lehre von der Entstehung von Krankheiten, geht die
Salutogenese nicht von der Frage aus, was einen Menschen
krank macht, sondern von der Frage: Was macht einen Menschen gesund? Aaron Antonovsky[45], der den Begriff geprägt
hat, entwickelte ein Kontinuumsmodell von Gesundheit und
Krankheit. Irgendwo zwischen zwei imaginären Polen, dem
Pol totaler Krankheit und dem Pol vollkommener Gesundheit,
bewege sich meine gesundheitliche Situation. Dieses Modell
geht davon aus, dass der Mensch ständig in Bewegung ist. Wir
sind zwischen diesen beiden Polen unterwegs, dem Punkt des
völligen Misslingens und dem Punkt des vollkommenen Ge-
lingens von Gesundheit. Friedrich Nietzsche als nüchterner
Realist wiederum meinte, dass Gesundheit dasjenige Maß an
Krankheit sei, dass es ihm noch erlaube, seinen wesentlichen
Beschäftigungen nachzugehen.
Noch treffender erscheint mir die Definition von David
Steindl-Rast OSB, einem Mystiker und Mönch, der Gesundheit als „freudige Lebendigkeit"[46] beschreibt. Gesund bin
ich dann, wenn ich mich im Zustand einer freudigen Lebendigkeit befinde. Deshalb bleibt Gesundheit immer auch
etwas Subjektives, etwas, das jeder Mensch anders empfin-
det. Sie ist nicht allgemeingültig formulierbar, nur definiert
von Blutwerten, belegt durch endoskopische Untersuchungen, durch Ultraschall oder andere medizintechnologische
Methoden.

Religion und Gesundheit

Welche Bedeutung hat Religion für Gesundheit als „freudige Lebendigkeit"? Untersuchungen[47] belegen, dass Religion und Gesundheit zusammenhängen. Eine positive Beziehung zwischen Religion und Gesundheit findet sich vor allem in Studien, die klinische Ergebnisdaten verwenden – Lebenserwartung, körperliche Gesundheit oder auch objektivierbare Verhaltensweisen wie Alkoholmissbrauch und Suizid. Positive und negative Zusammenhänge finden sich besonders deutlich bei psychisch Kranken. Im Folgenden einige markante Ergebnisse dieser Untersuchungen[48], die klare Zusammenhänge von Glaube und Gesundheit aufzeigen:

— Sozialpsychologische Querschnittstudien an älteren Menschen zeigen, dass religiöse Menschen tendenziell eine erhöhte Lebenserwartung, geringere Depressivität, ein erhöhtes subjektives Gesundheitsempfinden, weniger Krebs und andere körperliche Symptomatiken, weniger Nikotin- und Alkoholmissbrauch, eine höhere Lebenszufriedenheit, ein höheres Selbstwertgefühl, eine bessere soziale Anpassung, weniger Einsamkeit und mehr subjektives Glücklichsein aufweisen.

— Ein Sich-Einbringen in religiöse Gemeinschaften steht in einem stärkeren Zusammenhang mit Lebenszufriedenheit als der körperliche Gesundheitszustand.

— Gottesdienstbesuch hat hilfreiche Auswirkungen bei der Bewältigung von kritischen Lebensereignissen und Gesundheitsproblemen.

— Je höher der Grad der religiösen Belastungsbewältigung ausgeprägt ist, desto geringer ist der Anteil depressiver Verstimmung bei Krankenhauspatienten und desto schneller ist die Erholung bei Depression.

— Der Anteil an Angststörungen ist bei Nicht-Kirchgängern annähernd doppelt so hoch wie bei regelmäßigen Kirchgängern. Das trifft auch für die Gruppe der Achtzehn- bis Vierzigjährigen zu.

—Der wichtigste Einzelfaktor für Alkoholmissbrauch ist das Fehlen einer religiösen Bindung. Ähnliches gilt für die Beziehung von Gottesdienstbesuch und Zigarettenkonsum.

Aus diesen Ergebnissen wurden folgende Hypothesen[49] über den Zusammenhang von Glaube und Gesundheit gebildet:

—Die *Verhaltenshypothese:* Das Leben einer Glaubensgemeinschaft hat eine verhaltensregulierende Funktion, indem es gesundheitsförderliches Verhalten belohnt.

—Die *Hypothese der sozialen Unterstützung oder des sozialen Netzes:* Die Interaktion mit der Glaubensgemeinschaft nutzt die direkten positiven sozialen Effekte und die Puffer-Effekte sozialer Beziehungen.

—Die *Kohärenz-Hypothese:* Der Glaube bietet kognitive Prozesse an, die eine kognitiv-emotionale Stimmigkeit der Lebenswelt ermöglichen.

—Die *Belastungs-Bewältigungs-Hypothese:* Im Alltag und insbesondere bei kritischen Lebensereignissen haben religiöse Menschen einen Bewältigungsvorteil, indem ihnen bewährte und handlungsoptimierte Lösungsstrategien zur Verfügung gestellt werden.

—Die *Selbstwert-Hypothese:* Glaube und Glaubenspraxis versetzen den Menschen in eine intensive Beziehung zu Gott. Dies verstärkt alle psychischen Prozesse, welche den Selbstwert aufbauen und regulieren.

Zur Frage nach dem Einfluss von Spiritualität und Religion auf die menschliche Gesundheit meint ein Vorarlberger Primararzt: „Ich glaube auf jeden Fall, dass hier eine Verbindung besteht. Gesundheit hängt mit der Psyche zusammen. Alle Menschen glauben an etwas und das beeinflusst auch ihre Gesundheit. Menschen, die religiös sind, tun sich in verschiedenen Situationen leichter." Dass Geist, Psyche und Körper zusammenhängen, ist auch die Überzeugung eines anderen Vorarlberger Arztes. Wenn hier ein Gleichgewicht, ein positives Setting gegeben sei, dann gehe er davon aus, dass weniger Krankheiten auftreten und im Falle von Krankheit deren Verlauf günstiger sei. Wenn jemand durch Spiritualität seine Psyche im Gleichgewicht halte, bleibe er tendenziell gesünder und habe eher einen besseren Krankheitsverlauf, wobei der Verlauf trotzdem immer individuell unterschiedlich sei. Auch ein Palliativmediziner meint, dass sich Menschen gerade in der letzten Phase des Lebens mehr auf Religion konzentrieren und dadurch ihre Situation besser bewältigen. Religion helfe, mit dem Schicksal positiver umzugehen.

Wie lassen sich diese Untersuchungsergebnisse erklären? Das Menschenbild von Viktor Frankl bietet eine plausible Begründung dafür, wie dieser Zusammenhang zwischen Religion, Spiritualität und Gesundheit psychologisch und medizinisch zu erklären ist. Er spricht von der Dimensionalontologie.[50] Der Mensch besteht aus verschiedenen ontologischen, seinsmäßigen Realitäten, der organischen, der physischen, der psychisch/emotionalen, der geistigen und der geschichtlichen Dimension. Die geistige Gesundheit spielt sich auf allen diesen Ebenen ab. Sie ist teilweise empirisch messbar, teilweise nur persönlich erfahrbar. Die geistige und die geschichtliche Dimension des Menschen berühren auch das Religiöse. Frankl vertritt die Auffassung, dass die geistige Dimension des Menschen nicht erkranken kann. Er ist überzeugt, dass die verschiedenen ontologischen Dimensionen des Menschen aufeinander einwirken, miteinander in Beziehung stehen. Aus diesem Grund hat die geistige Dimension des Menschen eine besondere Bedeutung.

Drei Hauptstraßen zum Sinn

Wenn wir nun Gesundheit als geistige, freudige Lebendigkeit definieren, dann sehen wir im Blick auf die Existenzanalyse Viktor Frankls laut Alfried Längle vor allem drei Hauptstraßen zum Sinn, drei Hauptstraßen in eine Situation der freudigen Lebendigkeit.[51]

— Die erste Hauptstraße zum Sinn sind die *Erlebniswerte.* Dazu gehören Erlebnisse und Erfahrungen in der Natur, in der Beziehung, Erfahrungen, die mich meine Lebendigkeit spüren lassen.
— Eine zweite Hauptstraße sind die *schöpferischen Werte,* denn jeder Mensch möchte schöpferisch tätig sein. Ein Höhepunkt schöpferischer Tätigkeit besteht darin, eine Familie zu gründen, Kinder zu haben, Kinder großzuziehen. Aber auch im kleinen Bereich des Alltags, in Kunst und Architektur, in der Literatur, in vielen Bereichen des menschlichen Lebens ist das Schöpferisch-tätig-Sein ein wesentlicher Beitrag, der die psychische, geistige und physische Gesundheit fördert.
— Eine dritte Hauptstraße zum Sinn, zur Gesundheit, sind die *Einstellungswerte.* Es gibt menschliche Lebenssituationen, die nicht zu ändern sind. In jeder Situation gibt es eine Polarität zwischen Schicksal und Freiheit. In jeder Situation, nach einem tragischen Unfall oder in der Krankheit, ist der Mensch nach Frankl frei, auf diese Situation zu reagieren. Das Leben stellt uns Fragen nach Hoffnung oder Verzweiflung. An uns ist es, die Antworten zu finden.

Diese drei Hauptstraßen – die schöpferischen Werte, die Erlebniswerte und die Einstellungswerte – kommen dem nahe, was Religion meint: geschaffen sein, dankbar sein für das, was das Leben uns schenkt, mitwirken in der Schöpfung.

Selbsttranszendenz: Was muss ich tun, um das ewige Leben zu gewinnen?

Eine Voraussetzung auf dem Weg zu einer freudigen Lebendigkeit ist auch Viktor Frankls Begriff der Selbsttranszendenz[52]. Man muss das Kreisen um sich selbst hinter sich lassen, um dahin gelangen zu können. In der Logotherapie und Existenzanalyse gibt es die Grunderfahrung, dass bei einer Neurose oder einem anderen existenziellen Problem die Reflexion des Betroffenen über sein Leid stark im Mittelpunkt steht. Viele psychotherapeutische Schulen, allen voran die Psychoanalyse, sehen in der Analyse der Situation und der Geschichte des Menschen die Lösung. Dabei besteht aber auch die Gefahr der Hyperreflexion, auf die Frankl hingewiesen hat, dass nämlich durch die therapeutische Reflexion ein Problem erst recht groß wird, größer als es der Wirklichkeit entspricht. Dies kann zu einer noch größeren Problemsituation führen.

Die Lösung sieht Frankl in der Selbsttranszendenz. Seine Kernfrage lautet: Was macht einen Menschen im Innersten gesund? Das ist für ihn vor allem dadurch möglich, indem man sich einem Sinn, einer Aufgabe, einer Idee, einem Menschen, einem großen Projekt, einer Vision zuwendet. Das bezeichnet er als Selbsttranszendenz. Frankl verwendet dafür gerne den Vergleich mit dem menschlichen Auge[53]. Ein krankes Auge, wenn es etwa an Grauem Star leidet, sieht sich selbst. Ein gesundes Auge hingegen nimmt sich selbst überhaupt nicht wahr. Ein gesundes Auge nimmt den anderen wahr, es nimmt das Ziel wahr, die Umwelt. Das ist, so Frankl, auch die Logik der menschlichen Seele. Eine gesunde menschliche Seele, ein gesunder Mensch ist jemand, der sich dem anderen zuwendet, einer Idee zuwendet. Auch das ist für ihn eine Hauptstraße zum Sinn.

Treffend dazu finden wir in der Bibel die Frage, die ein Gesetzeslehrer Jesus stellt: „Was muss ich tun, um das ewige Leben zu gewinnen?" (Lk 10,25) Es ist eine Frage, die auch die menschliche Existenz betrifft, nämlich die grundlegende Frage: Wofür lebe ich, was ist der Sinn meines Lebens? Die Antwort der Bibel ist eindeutig, der Gesetzeslehrer antwortet selbst, weil Jesus die Frage an ihn zurückgegeben hat: „Du sollst den Herrn, deinen Gott, lieben mit ganzem Herzen und ganzer Seele, mit all deiner Kraft und all deinen Gedanken, und: Deinen Nächsten sollst du lieben wie dich selbst." (Lk 10,28)

Selbsttranszendenz, der Einsatz für etwas anderes, für jemanden anderen, das ist für Frankl ein Königsweg, eine „Autobahn" zur Gesundheit. Es erzeugt, was man in der Salutogenese „Flow" nennt, ein Fließen und Offensein für etwas. Auch Karl Rahner SJ meint, dass in jedem Menschen eine „Potentia oboedientialis", ein inneres Ausgerichtetsein auf Gott, angelegt sei, dass jeder Mensch sich letztlich hineingenommen fühlen könne in ein sinnvolles Ganzes, wenn er in der Beziehung zu Gott stehe.[54]

Abraham Maslow: peak experiences

Einen anderen Zugang zu ganzheitlicher Gesundheit zeigt der US-amerikanische Psychologe und Psychotherapeut Abraham Maslow[55] (1908–1970) auf. Er machte sich als junger Psychiater Gedanken über die Frage: Was macht denn Menschen gesund und stark? Bis dahin wurde immer nur die Frage gestellt: Was macht einen Menschen krank? Er kehrte diese Frage um. In seinen Interviews fand er heraus, dass es vor allem mystische Erlebnisse sind, die einen Menschen gesund machen. Menschen, die stark sind, erfolgreich, gesund, kennen oft mystische Erlebnisse. Da seine Kolleginnen und Kollegen meinten, so etwas sei nicht wissenschaftlich, wählte Maslow diese Bezeichnung der „peak experiences" – Gipfelerlebnisse. Gemeint sind damit Erfahrungen des Verbundenseins mit dem Ganzen, des Verbundenseins mit der Welt, des Verbundenseins mit dem Göttlichen. So entspringen zum Beispiel aus dem

Im Stallgeruch der Schafe

Bewusstsein grenzenloser Zugehörigkeit ein Gemeinschafts-
gefühl, das alle Menschen einschließt, und die Bereitschaft,
danach zu handeln. Aus der überwältigenden Erfahrung des
Wahren, Guten und Schönen erwächst ein dankbares Wach-
sein für die Gaben, die jeder Augenblick uns schenkt.

Ein sehr treffendes Beispiel aus der Bibel für ein solches Erlebnis ist jene Stelle, in der Jesus seine Freunde auf den Berg Tabor
führt (Mk 9,2–10). Die Frage, die sich uns heute stellen kann,
lautet: Wo sind meine Taborstunden? Wo gibt es Erfahrungen,
bei denen ich das Gefühl habe, dass ich mit Gott, mit der Welt,
mit dem Ganzen im Innersten verbunden bin? Das kann auch
in einer intellektuellen Auseinandersetzung sein, wie etwa die
Jüdin, Atheistin, Philosophin, Katholikin, Ordensfrau und Mär-
tyrerin Edith Stein[56] sagt: „Wer die Wahrheit sucht, der sucht
Gott" – ob er sich darüber im Klaren ist oder nicht.

Dankbarkeit als Weg zu spiritueller Gesundheit

Dankbarkeit ist der wichtigste Weg zu spiritueller Gesundheit. Sich beschenkt fühlen, verändert die Lichtverhältnisse
der Seele. Geschenk ist die Materialisierung von Zuwendung.
Wenn ich mich von Gott beschenkt weiß, führt das in die Haltung der Gelassenheit. Hans Magnus Enzensberger bringt das
in seinem Gedicht „Empfänger unbekannt"[57] treffend zum
Ausdruck.

An: Empfänger unbekannt
Betreff: Retour à l'expéditeur

Vielen Dank für die Wolken.
Vielen Dank für das Wohltemperierte Klavier
und, warum nicht, für die warmen Winterstiefel.
Vielen Dank für mein sonderbares Gehirn
und für allerhand andre verborgene Organe,
für die Luft und natürlich für den Bordeaux.

Herzlichen Dank dafür, dass mir das Feuerzeug nicht ausgeht,
und die Begierde und das Bedauern, das inständige Bedauern.
Vielen Dank für die vier Jahreszeiten,
für die Zahl e und für das Koffein
und natürlich für die Erdbeeren auf dem Teller,
gemalt von Chardin, sowie für den Schlaf,
für den Schlaf ganz besonders,
und, damit ich es nicht vergesse,
für den Anfang und das Ende und die paar Minuten dazwischen
inständigen Dank,
meinetwegen für die Wühlmäuse draußen im Garten auch.

Die Welt endet nicht am Horizont

Etwas, das den modernen Menschen sehr häufig betrifft und
das viel mit der Frage von positivem oder negativem Stress
zu tun hat, ist die Frage der Dauer des Lebens. In früheren
Zeiten hieß es noch so: Ein Mensch lebt dreißig Jahre, vier-
zig Jahre – und eine Ewigkeit. Heute ist es wohl eher so:
Der Mensch lebt siebzig, achtzig, neunzig Jahre – und das
wars. Im subjektiven Bewusstsein lebt der Mensch heute
also letztlich weniger lange als früher. Das hat Folgen für
das Verhalten des Menschen. Wir merken es. Wir arbeiten
uns zu Tode, wir urlauben uns zu Tode, weil wir glauben, in
eine kurze Zeitspanne alles hineingeben bzw. aus ihr alles
herausholen zu müssen.
Religion bringt in diese Situation eine neue Dimension, die
Dimension der Hoffnung. Hoffnung kommt etymologisch
vom Wort „hoppen", vom Wort hüpfen, vom Wort Freude.
Hoffnung zeigt uns, dass die Welt nicht am Horizont endet,
dass die Welt nicht dort endet, wo ich mein Problem habe.
Silja Walter OSB, die begnadete Schriftstellerin, drückt es so
aus: „Ist hinter allen Dingen, die scheinbar nicht gelingen,
doch einer der mich liebt."[58] Diese Grunderfahrung kann Gelassenheit bringen in unsere menschliche Situation. Die Ge-

lassenheit, dass wir nicht alles hineinpressen müssen in die kurze Zeit unseres Lebens, in die kurze Zeit unseres Berufes, weil wir wissen, die Welt endet nicht am Horizont. David Steindl-Rast OSB sagt: Es komme darauf an, im Jetzt zu leben, weil die Vergangenheit uns nicht mehr berührt und die Zukunft uns noch nicht gehört, sondern das Jetzt der Augenblick meiner Existenz, meines Lebens sei.[59] Dieses Heute ist der entscheidende Blick.

Stille, Rückzug, Mut zur Lücke

Wir alle sind mit vielen beruflichen, familiären Herausforderungen konfrontiert. Eine Stelle in der Heiligen Schrift ist für mich zentral für die seelische Gesundheit, vor allem für diese freudige Lebendigkeit. Es ist die Erzählung von der Tempelreinigung (Mt 21,12–17). Man könnte sie durchaus auch als Anti-Burnout-Stelle bezeichnen (siehe auch S. 176ff). Jesus ist im Tempel und setzt sich mit den Händlern und Schriftgelehrten auseinander und irgendwann hat er einfach genug. Dann heißt es: „Und er ließ sie stehen und ging aus der Stadt hinaus nach Bethanien; dort übernachtete er." Er lässt sie einfach stehen. In Bethanien wohnen seine Freunde Marta, Maria und Lazarus. Auch das ist etwas, zu dem Religion uns herausfordert. Die Dinge auch einfach einmal bleiben zu lassen. Mut zum Fragment, Mut zur Lücke, Mut zur Unvollkommenheit und sich zu fragen: Wo ist mein persönliches Bethanien? Wo kann ich hinfahren? Wo kann ich übernachten? Wo kann ich mich einfach zurückziehen?
Wenn wir uns fragen, was unsere Seele braucht, dann lautet sicher eine Antwort: Unsere Seele braucht Stille, sie braucht Rückzug. Es gibt mehrere Stellen in der Heiligen Schrift, in denen Jesus sich auf einen Berg zurückzieht, sich zum Gebet zurückzieht, in die Einsamkeit, sich am Ölberg zurückzieht vor seinem Tod, sich zu seinen Freunden zurückzieht nach Bethanien.

Rituale: die Heilkraft der Feste

Es ist ein Faktum, dass der Wechsel der Jahreszeiten etwas ist, das den Menschen vor allem in seiner physischen und psychischen Dimension sehr berührt. Viele Erkrankungen sind stark abhängig vom Jahreskreis, von Frühling, Sommer, Herbst und Winter: psychische Erkrankungen wie etwa Depressionen oder körperlich-physische Beschwerden wie Arthritis und rheumatische Leiden. Die Menschen in der Stadt, aber auch am Land, haben vielfach diese Jahreskreise vergessen bzw. stellen sich mit ihrem Leben gegen diese natürlichen Abläufe der Natur. Das ist nicht gesund. Die Natur leistet sich während des Winters eine Zeit der Ruhe. Alles wird zugedeckt, es schläft, es verlangsamt sich. Das hat Auswirkungen auf uns Menschen.

Ähnliches gilt für das Kirchenjahr: Der Jahreskreis bedeutet eine große Lebenshilfe. Das Kirchenjahr berührt alle wichtigen Stationen des Lebens. Nichts muss tabuisiert werden, nichts bagatellisiert, nichts kann ungestraft ausgeblendet bleiben. Es gibt zwei Gefahren: auf der einen Seite die Tabuisierung, auf der anderen die Überbewertung. Das Kirchenjahr ist ein heilsamer Kreis, in dem alles Platz hat, von der Geburt bis zum Tod, Freude und Trauer, Hoffnung und Verzweiflung, Angst und Zuversicht, die Ernte, die Dankbarkeit. Die Rituale während eines Jahres sind eine Einübung fürs Leben. Sie sind wie ein Reiseführer durch die Landschaften unseres Lebens. Letztlich führt uns das Kirchenjahr in zwei entscheidende Haltungen der menschlichen Existenz. Wenn man in die Mystik schaut, in die Tradition aller Religionen und sich fragt, was führt den Menschen hinein in das Geheimnis Gottes und in das Geheimnis des Gesundseins, des Heilseins, dann sind es zwei wesentliche Punkte: Das eine ist die Dankbarkeit. Die Dankbarkeit ist so etwas wie der Kardinalsweg, der wichtigste Weg in das Geheimnis Gottes und die Erfahrung des Beschenktseins, des Erwünschtseins, des Wichtigseins, des Bedeutsamseins. Das Zweite ist die Achtsamkeit und Aufmerksamkeit für das, was am Rande ist. Entscheidend ist, dass der Jahreskreis bewusst wahrgenommen und gefeiert wird. Ein wichtiger Satz in der Therapie lautet: Halte die Ordnung und die Ordnung wird dich halten.

Gebet und Heilung

> Ist einer von euch bedrückt? Dann soll er beten. Ist einer fröhlich? Dann soll er ein Loblied singen. Ist einer von euch krank? Dann rufe er die Ältesten der Gemeinde zu sich; sie sollen Gebete über ihn sprechen und ihn im Namen des Herrn mit Öl salben. Das gläubige Gebet wird den Kranken retten und der Herr wird ihn aufrichten; wenn er Sünden begangen hat, werden sie ihm vergeben. (Jak 5,13–15)

So heißt es im Jakobusbrief. Die Krankensalbung ist ein heilsames Sakrament. Ich habe am Krankenbett schon viele Wunder des Gebetes erlebt: dass Menschen auf einmal loslassen können, dass sie sterben können, aber auch, dass Menschen neue Kraft und neue Hoffnung gefunden haben, den Weg weiterzugehen. Es ist eine theologisch sehr umstrittene Frage, wie das Gebet um Heilung aussieht. Faktum ist, dass es in der Bibel dieses Gebet um Heilung gibt. Faktum ist auch, dass Menschen im Gebet Heilung erfahren haben. Faktum ist aber auch, dass man nicht sagen kann, wenn man nicht gesund wird, hat man zu wenig gebetet, war man vielleicht zu wenig fromm.
Ein sehr gewichtiges Argument gegen diese Behauptung ist das Buch Hiob in der Bibel. Hier sehen wir einen Menschen, der gerecht ist, der nichts Böses getan hat, der keine Fehler hat, der ganz für Gott lebt, der alle Qualen des Lebens durchmachen muss bis zur letzten Verzweiflung. Gebet ist also kein Garant für Heilung. Und doch, die Haltung des Gebetes ver-

ändert die Lichtverhältnisse der Seele. Die Haltung des Gebetes bringt Solidarität untereinander. Die Haltung des Gebetes bringt auch eine geistliche, transzendente Dimension in eine Krankheitssituation.

Die bislang bekannteste und herausforderndste wissenschaftliche Untersuchung über das Gebet wurde 1988 von Randolph Byrd[60] durchgeführt und veröffentlicht. In einer Abteilung für Herzkrankheiten in San Francisco wurden 393 Patienten nach dem Zufallsprinzip in zwei Gruppen eingeteilt. Für die eine Gruppe mit 192 Patienten wurde von Menschen außerhalb des Krankenhauses gebetet, die die Namen und den Gesundheitszustand mitgeteilt erhielten und sich verpflichteten, regelmäßig für jeden Patienten bis zu seiner Entlassung zu beten. Für eine zweite Gruppe von 201 Patienten, die Kontrollgruppe, wurde kein Fürbittgebet organisiert. Alle Patienten wussten, dass sie an einer Untersuchung über das Gebet teilnehmen, aber kein Patient wusste, welcher Gruppe er zugeteilt war. Das Ergebnis: Patienten, für die gebetet wurde, hatten eine mehr als doppelt so gute Heilungschance als die Kontrollgruppe, für die nicht gebetet wurde.

Zusammenfassend kann das also heißen: Wenn du krank bist, dann bitte andere Menschen darum, ausdrücklich um deine Genesung zu beten. Dazu ein paar ganz konkrete Vorschläge:

—Bete selbst um deine Heilung
—Nimm an Heilungsgottesdiensten teil, das Sakrament der Krankensalbung hat einen wesentlichen therapeutischen und heilenden Aspekt.
—Bete beharrlich, immer wieder und so lange, bis es dir besser geht.
—Bete für andere, die leiden.

Zehn Tipps für heilsames Leben

Weitere Tipps für ein heilsames Leben hat Christoph Jacobs[61] bei einer Fortbildung für Priester und pastorale Mitarbeiter der Diözese Feldkirch zusammengetragen:

— Vergewissere dich immer wieder, dass du von Gott zu einem heilsamen Leben, einem „Leben in Fülle" berufen bist.

— Übe dich ein in die salutogenetische Perspektive: Lerne das Staunen angesichts der Vielzahl der geschenkten Möglichkeiten, das Leben zu meistern.

— Orientiere dich an deinen Ressourcen, Charismen, Stärken und Fähigkeiten. Defizite sind eigentlich sehr selten interessant.

— Betrachte die unvermeidlichen Belastungen des Lebens nicht als „Stress", sondern als „Gesundheitserreger", als Herausforderungen zu Wachstum und Reifung.

— Trage Sorge für deine Freundschaften, lassen dir wertvolle Beziehungen auch viel kosten.

— Erwirb Sensibilität für deine Symptome von Verausgabung. Und: Genieß es, wenn jemand deine Anstrengungen würdigt.

— Überleg dir, welchen Zielen deines Lebens du dich in Selbstverantwortung verstärkt zuwenden möchtest. Wähle aus, was dir wichtig ist. Gib in Würde aus der Hand, was dir nicht (mehr) angemessen ist. Optimiere das, was für dich zukunftsträchtig ist und dich lebendig macht.

— Verwende stets auch Energie dafür, die Lebensbedingungen in Familie, Gemeinschaft, Kirche und Gesellschaft lebensförderlicher zu gestalten. Fordere dies auch von deinen Politikern und Politikerinnen.

— Befreie dich von den „Zwängen zur Vollkommenheit". Du hast die Erlaubnis zum Fragment. Du bist ein geliebter Mensch – in Ganzheit und in Zerbrechlichkeit.

—Lass dir niemals und von niemandem die Freude an der Hingabe nehmen. Im Gegenteil: Trau dem Versprechen: Wer sein Leben verschenkt, wird es empfangen – in Fülle.

Für eine geerdete Spiritualität

Tiefe Spiritualität ist immer auch stark geerdet. Die großen spirituellen Ideen, das sieht man auch in der Regel des heiligen Benedikt, reduzieren sich immer wieder auf ganz einfache, fundamentale Dinge. Das bezeugt auch der Dalai Lama, ein bekannter und prominenter Vertreter östlicher Spiritualität. Vielen gilt er als Vorbild und als Symbol für gutes Leben. Auf die Frage, was ihm Energie, Zukunft, Freude und Gesundheit schenke, meinte er in einem Interview ganz schlicht: „Gutes Essen und ausreichend Schlaf." Mit gutem Essen ist natürlich nicht so sehr „üppig" als vielmehr bekömmlich für den Körper und den Geist gemeint. Es gilt der große dogmatische Grundsatz „gratia supponit naturam" – Gnade baut auf der Natur auf –, in der sich die Gnade auch entfalten kann. Das trifft auch hier zu.

Ähnlich nennt der Jesuit und Mystiker Franz Jalics[62], er kommt aus der Tradition des kontemplativen Gebetes, fünf Punkte, die für die Gesundheit eines Menschen wichtig sind:

—Schlafen und träumen
—Körper, Bewegung, Esskultur
—Beten
—Freundschaft, Gemeinschaft
—Arbeit

Die Lehre der Diätetik[63] aus der christlichen Tradition nennt sechs Aspekte, die für gesundes Leben von Bedeutung sind:

—Licht und Luft   aer
—Essen und Trinken   cibus et potus

—Bewegung und Ruhe	motus et quies
—Schlafen und Wachen	somnus et vigilia
—Absonderungen und Ausscheidungen	secreta et excreta
—Gefühle und Emotionen	affectus animi

Alle diese Anregungen kommen bezeichnenderweise aus der Spiritualität. Sie machen deutlich, dass Spiritualität gerade nicht etwas ist, das sich im Kopf abspielt und nur geistig wäre oder gar abgehoben und jenseits der menschlichen Existenz, sondern ganz im Gegenteil sehr stark verbunden ist mit dem Körper. Das weist darauf hin, dass in der christlichen Tradition immer wieder auch darauf geachtet wurde, dass beides – Körper und Geist – verbunden ist. Ein anderes Beispiel dafür ist die katholische Lehre von der Auferstehung der Toten mit Leib und Seele. Während etwa die Gnosis die Meinung betont, der Körper sei ein Gefängnis der Seele, sei zu unterdrücken und zu überwinden, ist es katholischer Glaube, dass der Mensch als Ganzer eine geheimnisvolle Einheit ist. Die Verwobenheit von Körper, Seele und Geist kann nicht losgelöst voneinander gesehen werden und sie dürfen auch nicht wie auf dem Seziertisch künstlich voneinander getrennt werden.

Auferstehung: eine unverwüstliche Hoffnung

Das zentrale Ereignis des christlichen Glaubens, Ursprung und Angelpunkt des christlichen Glaubens, ist die Auferstehung Jesu. Ohne die Auferstehung wären es durchaus wertvolle humanistische Gedanken, die uns Jesus hinterlassen hat, welche die Apostel und die Christen gelebt haben. Aber erst die Auferstehung, die das Leben hineinnimmt in eine neue Dimension, bewirkt den „Mutationssprung in eine neue Daseinsweise", wie es Papst Benedikt XVI. in seinem Buch „Jesus von Nazareth"[64] ausgedrückt hat.

In dieser neuen, ganz anderen Daseinsweise liegt wohl auch der Grund, dass die Frauen und die Jünger Jesus nicht sofort als den Auferstandenen erkennen. (Mk 16, Lk 24, Joh 20) Erst langsam tasten sie sich in den Begegnungen mit ihm an dieses Geheimnis heran, dass er in einer neuen Dimension lebt und ihnen als Neuer, als Auferstandener entgegenkommt. Und dann erkennen sie ihn in diesem Zeichen des Brotbre- • chens, wenn wir an die Emmausjünger denken. (Lk 24, 31) Auch bei der Begegnung beim wunderbaren Fischfang am See Tiberias erkennen die Jünger den Auferstandenen erst daran, dass er ihnen Brot bricht und Fisch reicht. Sie nähern sich diesem neuen Jesus, dem auferstandenen Christus, durch das Zeichen des Brotbrechens.

Wie aber kann man Auferstehung heute denken? Was vor zweitausend Jahren geschehen ist, das berührt mich heute längst nicht mehr, sagt der moderne Zeitgenosse. Und doch, alltägliche, vielleicht unspektakuläre Erfahrungen von Auferstehung gibt es auch heute. Und so wie einst für die Jünger sind sie nicht auf den ersten Blick zu erkennen. Auferstehung bleibt ein Geheimnis.

Auferstehungserfahrungen sind Erfahrungen, in denen Menschen aufgerichtet werden, wie es die Apostelgeschichte berichtet, wenn Petrus und Johannes im Tempel einen Gelähmten heilen. „Sie richteten ihn auf", heißt es da (Apg 3,11–26). Ein Mensch vermag wieder aufrecht zu gehen. Das kann eine Auferstehungserfahrung sein. Eine Erfahrung von Auferstehung kann es auch sein, wenn ein Kranker wieder Hoffnung findet, wenn er wieder eine neue Perspektive findet und Kraft zum Weitergehen. Oder ich denke an das Erlebnis bei der Beerdigung eines jungen Menschen, der durch einen tragischen Unfall zu Tode gekommen war. Die Kirche war voll mit jungen Leuten. Und trotz des unsagbaren Leids bedankten sich die Eltern, dass der Gottesdienst zu einer besonderen Erfahrung geworden sei, der ihnen eine Perspektive von Hoffnung und Mut aufgetan habe, und dass sie getröstet weitergehen können. Eine Form von Auferstehung auch im Leben? Eine Erfahrung von Auferstehung kann es sein, wenn ein Sportler, der durch einen schweren Unfall keine sportlichen Leistungen mehr bringen kann, dabei zugleich die Erfahrung macht, dass durch die Rehabilitationsübungen Heilung geschieht, dass die Kraft zurückkehrt und damit auch die Zuversicht, wieder auf die Beine zu kommen und eine neue Perspektive zu finden. Auferstehungserfahrung kann eine Versöhnungserfahrung sein, wenn Nachbarn, die schon lange miteinander im Streit liegen, sich zusammensetzen und einen Weg finden, ihre Konflikte zu lösen, und wenn durch die Versöhnung ein neues, friedliches Miteinander oder zumindest ein tolerantes Nebeneinander möglich wird.

Auch die Natur kann uns mit Auferstehungserfahrungen beschenken. Jede Naturmeditation im Frühling ist eine Auferstehungsmeditation. Wenn man einen kahlen Ast betrachtet, von dem man meinen könnte, da ist kein Leben mehr da, und der dann üppig grünt und blüht. Oder das Bild von der Raupe und dem Schmetterling. Die Raupe weiß nichts vom Schmetterling und doch ist der bunte Falter die Verwandlung der Raupe in ein anderes Wesen. Auch das ist eine Transformation, die zeigt, dass Sterben wieder einen neuen Beginn bringt. Oder wenn man die Saat im Frühjahr beobachtet, das Bild vom Weizenkorn. Wenn es nicht in die Erde fällt und stirbt, bleibt es hart, trocken, leblos, unbedeutend. Aber wenn es in die Erde fällt und als Weizenkorn aufgelöst wird, entspringt daraus neues Leben. Die Natur ist voll von tausend kleinen Auferstehungserfahrungen, Erfahrungen von Transformation, die uns in den großen Mutationssprung der Auferstehung des Menschen hinführen und uns wie kleine Hinweisschilder dorthin begleiten.

All das sind kleine Auferstehungserfahrungen, die letztendlich darauf hinweisen, dass die Liebe sich durchsetzt und das Leben stärker ist als alle Zerstörung. Auferstehung ist die Botschaft, dass die Liebe stärker ist als der Tod. Auferstehung, das muss nicht außergewöhnlich oder spektakulär sein. Ganz unscheinbare Zeichen nur: Ein leeres Grab. Ein stärkendes Wort auf dem Weg nach Emmaus. Brot, das geteilt wird. Eine leise Erfahrung: Gott ist mit uns.

Auferstehung gibt dem Menschen seine Würde

Der bereits erwähnte Film „12 Years a Slave" über den Sklavenhandel und die Sklaverei im Amerika des 19. Jahrhunderts zeigt bedrückende zwei Stunden lang Demütigung an Demütigung, Gewalt, Verzweiflung. Menschliche Seelen werden von ignoranten und sadistischen Großgrundbesitzern mit Füßen getreten. Und Millionen Menschen werden auch heute täglich um ihr Leben betrogen durch Kriege, durch versklavende Systeme, durch Missbrauch, durch Hunger und Ignoranz. Es darf doch nicht sein, dass Mörder endgültig über die Opfer siegen, so denkt man da unwillkürlich. Es wäre zynisch, den Menschen zu sagen, mit dem Tod sei alles vorbei. Dann wären die Mörder und die Täter fein heraus. Wer zieht sie zur Rechenschaft? Gibt es dann überhaupt die Würde des Menschen?

Ich glaube, Jesus Christus und der Gott Jesu Christi sind Anwalt der Opfer und die Kraft vollkommener Gerechtigkeit. Die Auferstehung drängt uns Christen dazu, Widerstandskämpfer und Widerstandskämpferinnen gegen den Tod zu sein. Und das Sterben und die Auferstehung Jesu zeigen, dass Unrecht und Justizmord nicht das Letztgültige sind. Seit über zwei Jahrtausenden hören Menschen nicht auf, daran zu glauben, und setzen sich ein für Frieden und Gerechtigkeit in der Welt, getragen von der Osterhoffnung, beschenkt mit den Osteraugen, um die Menschenrechte ins Zentrum der Aufmerksamkeit zu rücken. Jesus hat es zwar nicht persönlich so formuliert, aber Artikel 1 der „Allgemeinen Erklärung der Menschenrechte" vom 10. Dezember 1948 könnte sehr wohl aus dem Herzen des Auferstandenen kommen: „Alle Menschen sind frei und gleich an Würde und Rechten geboren. Sie sind mit Vernunft und Gewissen begabt und sollen einander im Geiste der Brüderlichkeit begegnen."[65] Ostern ist damit ein Fest der Menschenwürde.

Auferstehung sagt, dass das Leben trägt

Jeder Mensch habe kleine Erfahrungen des Sterbens hinter sich – in Situationen der Angst, der Panik, der Sorge im menschlichen Leben, so meinte Elisabeth Lukas in einer Vorlesung.[66] Und sie illustrierte das mit einer Geschichte: Ein junger Mann steht im Schwimmbad hoch oben auf einem drei Meter hohen Sprungbrett, von dem seine Kameraden fröhlich lachend ins Wasser hüpfen. Er aber bebt vor Angst. Nun wendet sich das Lachen seiner Kameraden gegen ihn, sie höhnen ihn, ein Feigling zu sein. Welche Möglichkeiten hat er nun? Er kann entweder die Stufen vom Sprungbrett wieder hinunterklettern und kapitulieren. Aber von seinen Ängsten erlöst ist er damit nicht und der Spott der anderen wird hinter ihm her hallen. Oder er kann eine Weile hoch oben auf dem Sprungbrett verweilen. Aber das Zögern oder Warten wird ihn nicht sicherer machen, sondern nur noch unsicherer. Vom Warten allein geht die Angst nicht weg, sie verstärkt sich eher. Oder er kann – und das ist der spannende Moment – mitsamt Angst und trotz Angst springen. Und wenn wir überlegen, was dann passiert – er fällt ins Wasser. Es passiert genau das, was er befürchtet hat. Er geht unter. Er versinkt tief im Wasser. Aber dann geschieht etwas Überraschendes. Beinahe ganz ohne sein Zutun hebt ihn das Wasser wieder hoch, trägt ihn an die Oberfläche, lehrt ihn, dass alles gut ist und dass er nichts mehr zu fürchten braucht, dass er fröhlich sein kann wie seine Kameraden. Und diese applaudieren ihm.

Diese Geschichte lehrt uns, dass es selbst bei einem Fall ins Bodenlose etwas gibt, das uns Menschen hält und trägt und aufhebt und emporhebt. Das ist die Erfahrung von Auferstehung. Ostern ist die Erfahrung, dass das Leben letztendlich trägt. Wir brauchen wie dieser Mensch auf dem Sprungbrett einen Vorschuss an Mut. Wir brauchen einen Vorschuss an Vertrauen, wie Petrus, als er Jesus auf dem Wasser entgegen gegangen ist. Der Blick auf den auferstandenen Christus ist ein Blick, der unsere Seele mit Mut und Vertrauen füllt, weil wir spüren, das Leben trägt.

Von leisen Erfahrungen von Auferstehung erzählt der Vorarlberger Schriftsteller Alexander Jehle[67] in einem seiner Gedichte. Er überschreibt es „Trotzgedicht". So kann eine Erfahrung von Auferstehung aussehen.

Trotz aller Zweifel
trotz aller Angst
trotz aller Schmerzen
trotz aller Schuld
trotz aller Trauer
trotz aller Hoffnungslosigkeit
der Resignation trotzen
und dem Leben
mutig und scheu
zulächeln

Auferstehung heißt, die Liebe ist stärker als der Tod

Es war auch so zur Zeit der Jünger. Ein Leben nach dem Tod galt als möglich. Aber eine Botschaft, die so aus dem Rahmen fällt, das leere Grab, das war einfach unvorstellbar. Die Frauen beim Grab und auch die Jünger machten eine emotionale Achterbahn durch. Angst, Schrecken, Entsetzen, auch die Absicht, das Ganze zu verschweigen. Es ist so, wie es im Lukasevangelium (Lk 24,41) heißt: Sie konnten es vor Freude nicht glauben.

Unsicherheit und Freude waren die Gefühlszustände der Frauen, die die ersten Zeuginnen der Auferstehung Jesu waren. Manche versuchten auch, dieses Geheimnis kleinzureden. Sie sagten, die Berichte über die Auferstehung seien nichts anderes als die Trauerarbeit der enttäuschten Anhänger. Oder andere meinten, Jesus wäre nur scheintot gewesen. Alle diese Erklärungsversuche sind historisch und exegetisch betrachtet haltlos.

In der Auferstehung begegnen wir dem großen und entschiedenen „ABER" Gottes gegen die größte Macht der Geschichte, gegen die Macht des Todes. Wir brauchen die Mystik des offenen Herzens, wir brauchen Osteraugen, um diese große Hoffnung in unserem Herzen tragen zu können. Diese österliche Hoffnung ist es, die die Geschichte der Liebe geschrieben hat in den Herzen von Milliarden von Menschen bis zum heutigen Tag. Der Philosoph Gabriel Marcel hat diese Haltung der Liebe angesichts des Todes, der jedem Menschen bevorsteht, so formuliert: „Einen Menschen lieben heißt sagen: Du wirst nicht sterben – und dies angesichts von Tod und Verwesung."[68]

KAPITEL 4

Methoden pastoralen Handelns

Welche Wege und „Methoden" können uns zu diesem Ziel als Kirche führen, dass wir die Entfaltung des Menschen fördern und begleiten, dass wir dabei helfen, den Menschen schön zu machen, Wunden zu heilen, zur Freundschaft mit Christus zu führen?

Vertrauen in Gottes Wort

Es gibt beim Propheten Jesaja das wunderbare Wort: „Das Wort Gottes kehrt nicht leer zu mir zurück (...) und es erreicht all das, wozu ich es ausgesandt habe." (Jes 55,11). Dieses tiefe Vertrauen in die Kraft von Gottes Wort kann und soll eine Grundhaltung im Leben sein. Das Wort Gottes wirkt für sich – unabhängig von den Leistungen des Menschen. Glauben wir, vertrauen wir darauf, dass im Wort Gottes eine dynamische Kraft steckt, die die Herzen der Menschen, das Leben der Menschen im Innersten zu verändern vermag?
Ich durfte das schon öfter erleben. Für mich persönlich sehr bedeutsam ist mein Wahlspruch als Bischof. Ich habe den Psalm 37,5 gewählt, in dem es heißt: „Befiehl dem Herrn deinen Weg und vertrau ihm, er wird es fügen." Dieser zählt eigentlich zu den weniger bekannten Psalmen. Mit der Wahl dieses Leitgedankens hat es eine besondere Bewandtnis.
Ich glaube grundsätzlich daran, dass Gott uns Menschen zu bestimmten Zeiten, in einer bestimmten Lebenssituation, in einer bestimmten Verfassung Worte sagt, die wie Leuchttürme in unserem Leben sind. So bin ich auch zu diesem Wahlspruch gekommen. Drei Dinge haben mich dazu geführt.
Ein Erlebnis war im Jahr 2012 bei Exerzitien im Stift Vorau in der Steiermark, lange Zeit vor der Bischofsernennung.

Ich habe meditiert, auch Kardinal Christoph Schönborn ist in dem Raum gewesen und hat sein Brevier gebetet. Als ich dann nach der Meditation an ihm vorbeigehe, sagt er: „Ich hätte noch ein Psalmwort für dich." Und er hat auf diesen Satz gezeigt: „Befiehl dem Herrn deinen Weg und vertrau ihm; er wird es fügen." Das hat mich in diesem Augenblick sehr getroffen, gerade auch in der Situation der Ungewissheit in unserer Diözese mit der schon lange offenen Bischofsbestellung, in der Ungewissheit mit den Regionalisierungsprozessen in den Pfarreien, die weitergeführt werden mussten, obwohl wir so lange keinen Bischof und damit auch keine verbindlichen langfristigen Perspektiven hatten, die für solche Planungen unerlässlich sind. Da ist das Wort wie ein biblischer Urteilsspruch bei mir auf fruchtbaren Boden gefallen. Ein anderer Grund, warum ich dieses Zitat gewählt habe, ist ein Gespräch mit meinem früheren Regens im Priesterseminar, Hermann Nagele, den ich zu seinem sechzigjährigen Priesterjubiläum besucht habe. Ich hatte ihn damals als jüngerer Priester gefragt: „Wenn du am Ende eines langen Priesterlebens jemandem sagen müsstest, was ist die entscheidende Erkenntnis, die sich durchzieht und die für dein ganzes Priesterleben prägend war, was würde es sein?" Seine Antwort lautete: „Alles hat sich gefügt." Diese vier Worte waren die Quintessenz eines sehr erfolgreichen, sozial, kirchenpolitisch und theologisch sehr interessierten und engagierten Priesterlebens. Kein Erfolgsrezept, keine brillante Leistung, sondern ganz schlicht: „Alles hat sich gefügt."
Ein drittes Motiv, das mich zur Wahl dieses Leitspruchs bewogen hat, ist meine besondere Beziehung zu Provikar Carl Lampert. Bei einer Gedenkfeier für den Provikar hat der Pfarrer von Göfis zu einem Wort von Carl Lampert gepredigt: „Die Wege der Vorsehung sind immer weise und anbetungswürdig."[69] Es hat mich betroffen gemacht und berührt, wie jemand in der Situation der Folter, ja mit dem Blick auf die bevorstehende Hinrichtung trotzdem dieses tiefe, vertrauens-

volle Wort sagen kann. Also nicht nur, dass man darin einen Sinn auszumachen versucht, wie es Viktor Frankl tut, dem das geholfen hat, das Konzentrationslager zu überleben, sondern dass es sogar anbetungswürdig ist, also in einem tiefsten Sinn gut und erstrebenswert.

Und seither habe ich hundertfach die Erfahrung gemacht, wenn ich Menschen dieses Psalmwort weitergegeben habe, dass dieser Satz vielen Menschen über Durststrecken geholfen, sie im Leid gestärkt hat. Es schwingt darin die österliche Grunddimension mit, dass Gott sein Ja nicht zurücknimmt, dass Gott als Lebendiger, als Leben Schenkender derjenige ist, der das Leben fügt und der alles fügt, wenn der Mensch innerlich bereit ist, ihm sein Leben anzuvertrauen.

Für meine Bischofsweihe wurden Stoffarmbändchen mit diesem Psalmvers gedruckt. Gerade junge Menschen nehmen diese Armbändchen sehr gerne als kleines Geschenk mit. Eine Frau erzählt mir, dass sie dieses Bändchen mit dem Psalmwort in den Anzug ihres Sohnes genäht habe. Es ist wie eine wunderbare Kraft, die das Leben von Menschen verändern kann, wenn sie sich auf diesen Gedanken einlassen. Eine Frau, zwanzig Jahre, Studentin, war sehr verzweifelt. Sie hatte Panikattacken, weil sie nicht wusste, welchen Weg sie gehen sollte. Ich habe ihr diesen Gedanken gesagt, mitgegeben: „Befiehl dem Herrn deinen Weg, vertrau ihm, ER wird den Weg fügen." Die junge Frau hat mir geschrieben: „Dieser Satz hat mein Leben verändert." Sie ist in einer existenziellen Lebenskrise durch das einmalige Gespräch und durch dieses biblische Wort aus ihrer Not herausgekommen und ist jetzt wieder seit einem Jahr eine erfolgreiche Studentin, der das Leben Freude macht. Dieser Satz hat bei ihr eine Wende bewirkt. Ich glaube an die heilende Macht des guten Wortes. Es kann idealerweise ein Wort Gottes sein, es kann auch ein spiritueller Gedanke eines Begleiters, einer Begleiterin sein.

Oder ich denke an einen dreiundzwanzigjährigen krebskranken Jugendlichen in der Palliativstation eines Krankenhauses, also an einem Ort, wo ihn Menschen in den letzten Wochen oder Monaten seines Lebens bis zum Sterben begleiten und gut umsorgen. Er hatte sehr gekämpft mit seiner Krankheit und war in dieser Phase auch aus der Kirche aus-, dann wieder eingetreten. Es war ein innerer Kampf mit Gott, der Welt und der Krankheit. Ich war vor seinem Sterben bei ihm und er sagte: „Ich überlasse jetzt mein Leben ganz Gott, weil ich weiß, dass er auf mich schaut." Ein berührender Satz. Ein junger Mensch wurde durch das Wort Gottes, durch den Gedanken, dass Gott es fügt, eingeführt in das Vertrauen, dass er sich beim schwersten Weg seines Lebens auf Gott verlassen darf. Das Wort Gottes wirkt. Dieses Vertrauen darf uns, ja, muss uns tragen. Es ist keine „billige Gnade" – es ist ein Weg durch das Tal des Zweifels und auf den Hügeln der Zuversicht. Nicht ohne Grund meinte Papst Franziskus beim Ad-Limina-Besuch der österreichischen Bischöfe 2014, dass ein Bischof aus seiner Sicht im Wesentlichen zwei Aufgaben habe: beten und das Evangelium verkünden. Die anderen Aufgaben solle er anderen anvertrauen. Vertrauen in Gottes Wort heißt, der Gnade Raum zu schaffen.

Gott größer denken

Wir sollten Gott größer denken. So drückt es Bischof Joachim Wanke[70] aus Erfurt aus. Gott werde oft zu klein, zu harmlos gedacht, meint er. Wir kommen ganz gut ohne ihn aus. Wir können alles auch ohne Gott erklären. Trauen wir Gott noch Wirksamkeit in unserer Welt zu? Unsere Gesellschaft und unser Lebensstil in Mitteleuropa tendieren dazu, dass sich der Mensch in vielen Bereichen an die Stelle Gottes setzt. Nur ein Beispiel aus der Medizin: Hildegard von Bingen, die große Medizinerin und Mystikerin des Mittelalters, auf die viele auch heute große Stücke halten, hat fundamental darauf vertraut, dass alles Heilen im heilsamen Wirken Gottes gründet. Demgegenüber ist die moderne Schulmedizin im

Grunde genommen für viele kein Ort für Gott. Vielmehr ist es die Sichtweise von heute, dass es der Mensch ist, der heilt. Der Mensch macht, der Mensch operiert, der Mensch ist der Gestalter seines Lebens. Die Denkweisen, die heute den Alltag bestimmen – in der Medizin oder in der Technik –, sind darauf ausgerichtet, dass der Mensch der Macher ist. Er ist es, der die Gebäude, die Brücken baut, die Raketen, die Waffen, der sich ganz auf seine Vernunft verlässt.

Das war auch schon die Grundversuchung des Turmbaus von Babel (Gen 11,1–9), bei dem der Mensch seinen Verstand, sein Vermögen in den Mittelpunkt stellte – was letztendlich zur Zerstörung geführt hat. Diese Grundhaltung ist auch heute da. Deshalb stellt sich für die Christen und für die ganze Welt die Frage: Was traue ich Gott zu? Traue ich Gott überhaupt etwas zu als demjenigen, der eingreift in den Lauf meines Lebens, der eingreift in den Lauf der Geschichte, der eingreift in den Lauf der Kirche?

Mediziner, die auch philosophisch-theologisch denken und die die Gesundheit ganzheitlich sehen, werden sagen, dass Heilung nicht allein eine Frage von Operationen, Medikamenten und Chemikalien ist, sondern ein ganzheitlicher Prozess. Ihnen ist klar, dass bei Heilungen oft auch Einflüsse oder Interventionen von außen hinzukommen, die nicht planbar und berechenbar sind. Es gibt so etwas wie Spontanheilungen, die unerklärbar sind. Oder eine Frau zum Beispiel, die schon etliche Operationen hinter sich hat, sagt, sie bete vor einer Operation immer für die Ärzte, die sie operieren, damit Gott ihnen die Kreativität und die sichere Hand schenke. Eine gelingende Operation ist mehr als eine Aneinanderreihung von guten technischen Interventionen und chirurgischen Eingriffen.

Der Mensch ist eben nicht reduzierbar auf die rein physische Dimension. Als Theologe und als Christ komme ich nicht um die Kernfrage herum: Was traue ich Gott zu? Bischof Wanke plädiert dafür, Gott größer zu denken als eingelernte Antworten auf Katechismusfragen und größer als platte, logisch-plausible Erklärungsversuche auf die großen Sinnfragen des Menschen. Dieses Plädoyer möchte ich auch übernehmen für die Pastoral, für den Umgang mit den Menschen, für die Gestaltung der Welt. Dass wir Gott größer denken müssen, das heißt, dass wir Gott wirklich zutrauen, dass er sich gestaltend in die Wege der einzelnen Menschen und der Geschichte einbringt.

Gott geht unsere Wege mit

Es ist eine Erfahrung in vielen Lebenssituationen, dass Gott derjenige ist, der alle Wege fügt. Wenn ich ihm mein Leben anvertraue, dann fügt er auch diese Wege, die ich gehe. Was wir tun, tun wir im Vertrauen, dass Gott das Entscheidende tut. Das wird auch in der biblischen Erzählung von der Brotvermehrung sehr deutlich. Mit nur fünf Broten und zwei Fischen macht Jesus fünftausend Menschen satt (Lk 9,10–17). Jesus möchte von den Jüngern, dass sie das geben, was sie geben können. Unsere Talente und Fähigkeiten sind die Grundlage, um mitzuarbeiten für eine gute Welt. Aber das Aufgehen und die Vermehrung dieser Frucht liegen letztendlich in der Hand Gottes. Das ist Gottes Arbeit und Wirken. Das ist kein Fatalismus, es ist die Überzeugung, das zu geben, was Gott mir geschenkt hat, die Fähigkeiten einzubringen, auch Kompetenzen zu erwerben. Und auf der anderen Seite beinhaltet es gleichzeitig das Vertrauen, dass Gott es ist, der letztlich alles wirkt.
Auch im Gleichnis von Sämann (Mt 13) ist dieses Grundvertrauen in das Wirken Gottes angesprochen. Es ist die Aufgabe in der Pastoral, oder etwa auch der Eltern in der Erziehung, das Gute zu säen so wie ein Gärtner, der sät, der aber auch ganz genau weiß, dass die Kraft der Veränderung, die Kraft des Wachstums nicht in seiner Macht liegt, sondern in der Macht des Schöpfers. Sie ist ein Geschenk der Schöpfung an uns Menschen. Deshalb ist das eine wichtige methodische Grundhaltung, übermäßig, mit Liebe, mit Freude, mit Engagement auszusäen. Darin liegt ein entscheidender Punkt.

Leistung und Fruchtbarkeit

Dieses Grundvertrauen auf Gottes Dasein und auf seine Kraft hängt auch mit der Spannung zwischen Leistung und Fruchtbarkeit zusammen. Leistung wird in unserer Gesellschaft großgeschrieben. „Immer mehr, immer schneller, immer höher, immer weiter ...", lautet die Devise nicht nur im Sport oder im wirtschaftlichen Leben. Wachstum und Steigerung werden fast zum Grundprinzip. Das bekommen wir zu spüren, wenn Personalstellen gestrichen werden, wenn immer weniger Mitarbeiter immer mehr Arbeit schultern müssen. Der Leistungsdruck wird gesteigert bis an die Grenzen der physischen und psychischen Belastbarkeit.

Der Auftrag und die Sendung Jesu an seine Jünger ist es, „dass ihr euch aufmacht und Frucht bringt und dass eure Frucht bleibt". (Joh 15,16) Von Leistung ist in der Bibel kaum einmal die Rede. Fruchtbarkeit hingegen spielt eine große Rolle. Jesus beschreibt das Reich Gottes immer wieder in Bildern der Fruchtbarkeit. Wir dagegen sind in einer Leistungsgesellschaft aufgewachsen und haben die Parole internalisiert: „Ich bin, was ich leiste." Alles muss ich verdienen, auch Anerkennung, Dankbarkeit, Herzlichkeit, Existenzrecht, ja, sogar Liebe. Wir haben die Einstellung mitbekommen: Die viel leisten, das sind die Guten. Sogar in der Klage über die Arbeitsfülle und die vielen Termine steckt manchmal durchaus auch ein gewisser Stolz, dass alle merken, wie wichtig ich bin.

Ganz anders dagegen die Sprache der Bibel. Für Gott brauchen wir unser Existenzrecht nicht zu verdienen. Er schenkt es uns, umsonst. Wir sind seine geliebten Kinder, er hat uns ins Dasein geliebt. Er liebt uns nicht wegen unserer Leistungen, sondern mit einer bedingungslosen, unverdienten und unverdienbaren Liebe.

Piet van Breemen SJ[71] ist den Übereinstimmungen und den Unterschieden zwischen Leistung und Fruchtbarkeit nachgegangen. Beide erfordern Einsatz, Anstrengung, Sorgfalt. Markant scheinen ihm aber die Unterschiede:

— Bei der Leistung will der Mensch alle Fäden in der Hand und alles im Griff haben, und das bringt Stress und Spannung; bei der Fruchtbarkeit bleibt Raum für das Geheimnis, das wir nicht durchschauen, sondern dem wir uns anvertrauen; das gibt Entspannung und Zuversicht (vgl. Mk 4,26–29).

— Fruchtbarkeit geht zusammen mit dem kontemplativen Element in unserem Leben, während Leistung nicht gut dazupasst. In der Fruchtbarkeit und in der Kontemplation sucht man nicht seine eigene Ehre, Erfüllung und Bestätigung, sondern man verrichtet seine Tätigkeit wirklich als Dienst, selbstlos, in Hingabe, zur Ehre Gottes. Hier liegt wahrscheinlich auch der springende Punkt für das „In-actione" kontemplativ sein, das tatsächlich mit dem „Omnia ad maiorem dei gloriam" (Alles zur größeren Ehre Gottes) zusammenhängt.

— Die Leistung nimmt auf die Dauer ab, wenn man älter wird; die Fruchtbarkeit bleibt und kann sogar wachsen. Ein großer und wichtiger Trost für ältere Menschen! (Vgl. etwa Ps 92,13–15)

— Fruchtbarkeit geschieht immer in der Weise des Weizenkorns, das in die Erde fällt und stirbt und nur so Frucht bringen kann (Joh 12,24), in entscheidendem Gegensatz zur Leistungsmentalität.

— Den Gegensatz zwischen Gesetz und Gnade, der bei Paulus eine so ausgeprägte Rolle spielt, kann man in unsere Zeit und unsere Sprache übersetzen mit den Worten Leistung und Fruchtbarkeit. Gesetz ist, was der Mensch selbst zustande bringt. Gesetz ist die Leistung im geistlichen Leben. Der fruchtbare Mensch demgegenüber lebt aus Gnade und weiß sehr wohl, dass das Eigentliche ihm geschenkt wird. Nicht die Aktivität rechtfertigt uns, sondern die Rechtfertigung aktiviert uns.

— Leistung geht oft auf Kosten der Natur (Umwelt, Gesundheit, Familie oder Kommunität, geistliches Leben). Fruchtbarkeit ist natürlich, entspricht der Natur, ist gesund, zerstört nicht, sondern entfaltet und krönt. Das Geheimnis der Fruchtbarkeit zeigt sich dort, wo der Mensch es aufgibt, das Leben beherrschen zu wollen, und das Wagnis eingeht, das Leben sich entfalten zu lassen.

— Die Fruchtbarkeit im Reich Gottes ist oft nicht messbar und lässt sich manchmal nicht vorzeigen, während Leistung sehr stark am

Messen und Vergleichen orientiert ist. Die Leistungsgesellschaft ist oft rücksichtslos und ungerecht gegenüber denen, die nicht genug leisten können. Da wird viel unverdientes Leid zugefügt, in offenkundigem Gegensatz zum Evangelium.

— Leistung ist oft ein Ausgleich für einen Mangel an Beziehung, während Fruchtbarkeit immer Beziehung voraussetzt (Pflanzen müssen befruchtet werden, Tiere, Menschen, geistliches Leben – vgl. Weinstock und Reben). Menschen, die bewusst oder unbewusst an Einsamkeit oder Isolation leiden, flüchten leicht in Leistung, um auf diese Weise ihrem Leben doch Inhalt und Sinn zu geben (vgl. Joh 15,1–8).

— Fruchtbarkeit ist mehr als Effizienz. So leben in jedem Menschen das Urbedürfnis nach zweckfreiem Bejahtsein und der tiefe Wunsch, mehr zu sein und zu gelten als das, wozu er dienlich ist. Wer umgekehrt seinen Selbstwert zu stark aus der Leistung schöpft, kommt früher oder später in eine schreckliche Krise. Wer von der Leistung lebt, baut auf Sand.

— Jeder Mensch braucht ein gewisses Maß an Anerkennung und Erfolg. Unser himmlischer Vater weiß, dass wir das brauchen (Mt 6,32f.). Er wird es uns auch besorgen. Wir müssen es nicht ängstlich suchen! Wir müssen nicht versuchen, uns das selbst zu verdienen. „Euch muss es zuerst um das Reich Gottes und die Gerechtigkeit gehen; dann wird euch alles andere dazugegeben." Es tatsächlich von ihm zu erwarten, auch wenn es einmal eine Durststrecke gibt, macht evangelische Menschen aus.

— Die Leistungsmentalität wählt andere Prioritäten und Aktivitäten als der Fruchtbarkeitsglaube.

— Leistung macht einseitig und verdrängt gewisse Werte. Sie baut auf eigene Kraft und klammert die schwachen Seiten aus. Sie ist leicht zu zielstrebig. Fruchtbarkeit lässt Gottes Kraft auch in unserer Schwäche zum Zuge kommen und kann darum das Leben ehrlicher und großzügiger annehmen.

Es gibt Menschen die viel leisten, aber wenig Frucht bringen, und umgekehrt. Für den Aufbau des Reiches Gottes ist es wichtig, sich an Fruchtbarkeit – als Inhalt und Methode – zu orientieren und nicht an Leistung.

Der Weg der Freiheit

Wir leben in einer Freiheitsgesellschaft. Die persönliche Freiheit zählt zu den höchsten Werten. Auf diesem Hintergrund einer säkularen Gesellschaft haben die französischen Bischöfe die Haltung des „proposer l'évangile" entwickelt – den Glauben vorschlagen, das Evangelium vorschlagen. Das bedeutet eine endgültige Verabschiedung von einstigen Herrschafts- und Machtansprüchen. Es ist eine Haltung der Bescheidenheit und der Demut, aber auch ein entschiedenes und mutiges Stehen zur Hoffnung, die im christlichen Glauben wurzelt. Die Aufgabe der Pastoral ist es so, den Menschen ein Hoffnungsangebot zu präsentieren.

Auch Papst Franziskus schlägt in seinem Schreiben „Evangelii Gaudium" diese Richtung ein. Sein Kernanliegen ist es, dass wir als Kirche die Freude des Evangeliums verkünden.

> Wenn man ein pastorales Ziel und einen missionarischen Stil übernimmt, der wirklich alle ohne Ausnahmen und Ausschließung erreichen soll, konzentriert sich die Verkündigung auf das Wesentliche, auf das, was schöner, größer, anziehender und zugleich notwendiger ist. Die Aussage vereinfacht sich, ohne dadurch Tiefe und Wahrheit einzubüßen, und wird so überzeugender und strahlender. (EG 35)

Dieses einladende Vorschlagen des Glaubensweges ist ein entscheidender Punkt.

Aufmerksamkeit für die verschiedenen Berufungen

Im Blick auf die heutige Situation in der Kirche wird deutlich, dass es viele ganz unterschiedliche Zugehörigkeiten zur Kirche gibt. Manch ein Pfarrer klagt darüber, wenn etwa zur Feier der Erstkommunion oder der Firmung für eine kurze Zeit großes Interesse besteht, die Beteiligung an der Vorbereitung erfreulich groß ist, viele Menschen in die Kirche kommen, die man sonst kaum einmal sieht – und nach dem Fest ist dann das Interesse anscheinend wieder schlagartig erloschen.

Man darf das gelassen sehen. Es gibt vielfältige Formen, Grade, Arten und Möglichkeiten, wie Menschen mit der Kirche und der Gemeinde mitgehen. Das war schon zur Zeit Jesu so, wie die Bibel berichtet. Gerhard Lohfink[72] entfaltet das in seinem Buch „Jesus von Nazareth" sehr anschaulich:

— Da gibt es neben den *Aposteln* den großen Kreis der *Jünger* Jesu, aus dem dann die Zwölf gewählt werden, die Jesus nachfolgen (Mk 3,13).

— Die zweite Gruppe sind die *Teilnehmer an der Geschichte Jesu*, wenn man etwa an den Blinden Bartimäus denkt, der Jesus begegnet, von ihm geheilt wird und der dann Jesus nachfolgt und ein Stück weit mit ihm geht. Bei Markus heißt es dazu wörtlich: „Er folgte ihm auf seinem Weg." (Mk 10,52) Oder ein ähnliches Beispiel ist die Heilung eines Besessenen im Gebiet von Gerasa. Man kennt noch einige andere Beispiele von zeitweisen Begleitern im Umkreis Jesu, Mitgehende oder Sympathisanten.

— Dann gibt es die *ortsgebundenen Anhänger* Jesu, das sind jene, zu denen Jesus Kontakt pflegt, zu denen er immer wieder kommt – zum Beispiel die Familie des Lazarus, mit der er befreundet ist.

— Es gibt auch noch eine Gruppe der *gelegentlichen Helfer*, diejenigen, die Jesus am Abend aufnehmen, bei denen er Stützpunkte hat oder sporadisch, punktuell zukehrt. Orte, an denen ihm jemand einfach nur einen Becher Wasser reicht, an denen er zum Abendessen bleibt. Zu dieser Gruppe zählen auch Menschen wie Josef von Arimathäa, der den letzten Liebesdienst der Bestattung leistet.

— Und schließlich gibt es noch die *Nutznießer des Neuen*: Das sind diejenigen, die von Jesus geheilt werden, von Krankheiten, deren Dämonen Jesus austreibt, Menschen, die von

Im Stallgeruch der Schafe

den Jüngern unterstützt werden, jene die später für ihr persönliches Leben vom Handeln Jesu profitieren.

Schon zur Zeit Jesu hat es also ganz verschiedene Arten und Intensitäten des Mitgehens gegeben. Auch heute ist es darum wichtig, dass man diese unterschiedlichen Formen in der Pfarrgemeinde und der Mitgliedschaft der Kirche im Blick hat. Da gibt es die Neugierigen, die eher weit weg sind, die Kritischen, die Fragen haben, jene, die ein Stück des Weges mitgehen. Da sind auch die „treuen Kirchenfernen" (Medard Kehl) mit ihrer Sehnsucht nach dem segnenden Gott.[73] In der modernen Kommunikationspsychologie würde man sie als „Adressaten" der Botschaft bezeichnen. Dieses bewusste Wahrnehmen der unterschiedlichen Berufungen entlastet auch ungemein, wenn ein jeder und eine jede nach seinen momentanen Möglichkeiten und Grenzen seine Zeit und seine Begabungen einsetzen kann und soll. Pastoral heißt, all diesen Menschen wertschätzend zu begegnen und ihnen zu helfen, ihren je eigenen Lebensweg zu finden in der Grundüberzeugung, dass Gott mit jedem Menschen einen Traum für sein Leben hat. Und es ist die persönliche Aufgabe und Herausforderung eines jeden, wenn er glücklich werden will, diesen Traum zu verwirklichen – die ganz persönliche Berufung zu entdecken und zu leben.

Gastfreundschaft

Zum Zentrum der biblischen „Methoden" gehört die Gastfreundschaft. Der moderne Mensch ist ein Pilger. Pilger sind unterwegs und suchen Heimat. Die große Frage für uns als Kirche ist: Bieten wir solche Orte der Gastfreundschaft, wo Menschen gerne hingehen, wo sie sich aufhalten, wo sie ausruhen können, wo sie ein Obdach finden für ihre Seelen? Eine Kultur der Gastfreundschaft und des Interesses am anderen Menschen ist für eine Pfarrgemeinde keine Fleißaufgabe, sie stellt ein inneres Moment jeder christlichen Spiritualität dar. „Wer Gastfreundschaft übt, bewirtet Gott", sagt ein israelisches Sprichwort.

In einer Vorarlberger Jugendstudie[74] wurden 16- bis 18-jährige Jugendliche gefragt, was ihre größte Angst ist. Die Antwort war klar: Die Angst von jungen Menschen ist es, die Familie zu verlieren. Die Angst, die Eltern zu verlieren. Die Angst, die Freunde zu verlieren. Hier zeigt sich die große Sehnsucht, irgendwo daheim sein zu dürfen.

Diesen Gedanken bestätigt die moderne Gehirnforschung. Die Wissenschaft hat sich auch speziell mit der Frage nach dem Glück beschäftigt. Was macht den Menschen glücklich im Leben? Das Ergebnis ist zwar nicht überraschend, aber sehr eindeutig. Zwei Dinge sind es vor allem, die führende Gehirnforscher wie Joachim Bauer oder Gerald Hüther[75] wissenschaftlich belegen: Der Mensch wird glücklich, wenn er irgendwo dazugehören und wenn er zeigen darf, was er kann. Diese beiden Punkte: dazugehören dürfen und zeigen, was man kann. Gastfreundschaft der Menschen in unseren Gemeinden, unseren Pfarren soll genau diese beiden Dinge zeigen: dazugehören dürfen, ohne zuerst genau beurteilt und in eine Schublade eingeordnet zu sein, und zeigen dürfen, was man kann. „Charismenorientierung" wird das in der Theologie genannt – die Talente, die Gott den Menschen geschenkt hat, fruchtbar machen für unsere Gemeinden.

Ein anderes Beispiel habe ich in einer Werkstätte für behinderte Menschen erlebt. Dort wurde ein Jubiläum gefeiert. Am Schluss fragte der Moderator der Festveranstaltung, ob noch jemand etwas sagen möchte. Es hatte den ganzen Tag über Präsentationen der Arbeit gegeben und auch der Leiter dieser Stelle, er heißt Thomas mit Vornamen, hatte Interviews gegeben. Auf die Frage des Moderators zeigte dann ein Mensch mit Behinderung auf und sagte, er würde gerne etwas sagen. Er nahm das Mikrofon: „Ich danke dem Thomas, dass er heute beim Interview meinen Namen in den Mund genommen hat."

Ein berührender Gedanke – „den Namen in den Mund nehmen". Das ist das, was Menschen im Innersten brauchen, das ein junger Mensch mit Behinderung so treffend zum Ausdruck gebracht hat. Fragen wir uns: Sind unsere Gemeinden Orte, an denen wir den Namen von Menschen in den Mund nehmen, an denen sie angesprochen sind? Nicht umsonst bedeutet die Taufe, dieses Geschenk für unser Leben, „Gott nennt uns beim Namen". Die Taufurkunde ist die einzige Urkunde, die ich in meinem Büro aufgehängt habe.

Die menschliche Sehnsucht nach Beheimatung beschreibt auch Arno Geiger in seinem Buch „Der alte König in seinem Exil"[76] sehr treffend. Darin schildert er die Alzheimererkrankung seines Vaters und das so Belastende im Leben eines demenzkranken Menschen, dass er immer das Gefühl hat, nicht zu Hause zu sein. Ständig ist da dieser Wunsch, „ich will nach Hause". Unaufhörlich ist da das Gefühl des Fremdseins, das Gefühl, nie angekommen zu sein, sogar wenn man sich im eigenen Bett oder im eigenen Wohnzimmer befindet.

Die Liebe lernen

Um Wege zur Liebesfähigkeit ging es in einem Vortrag des Existenzanalytikers und Theologen Uwe Böschemeyer. „Wenn Sie sich vornehmen, das Lieben zu lernen, dann lassen Sie sich nicht einreden, Ihr Vorhaben sei eine Illusion. Lassen Sie sich die Liebe nicht ausreden. Weder von den Rationalisten noch von den Resignierten"[77], meinte Böschemeyer einleitend. Das sind zwei Gefährdungen pastoralen Handelns, die Versuchung des Rationalismus und die Versuchung der Mutlosigkeit und Resignation. Beide nehmen dem Wunderbaren und dem Geheimnis der Liebe den Raum.

Ein guter Weg, die Liebe zu lernen, ist es, wenn wir im Sinne der Motivationspsychologie die Frage zulassen· „Was wäre, wenn ich mehr als bisher lieben könnte?" Mit einer solchen Sichtweise kann der Wert der Liebe zu einem Magneten werden, der uns anzieht. Einige Gedanken könnten dabei aufkommen, vielleicht: Ich hätte weniger Angst. Mir wäre warm und weit ums Herz. Ich würde mich mehr für die Menschen öffnen. Ich wäre freier. Ich würde mehr wagen. Ich würde weniger um eigene Bedürfnisse kreisen. Ich wäre versöhnlicher. Ich würde mehr Interesse an der Verantwortung für andere entwickeln. – Gedanken, die anziehen, die attraktiv sind. Gedanken, die unseren Geist als „intentionalen" (zielgerichteten) Charakter, wie dies die Existenzanalyse bezeichnet, in Bewegung bringen können. Ein Magnet, an dem wir uns ausrichten können.

Was wir im Auge haben, das prägt uns und dahinein werden wir verwandelt. „Wir kommen, wohin wir schauen"[78], bemerkt der Philosoph Heinrich Spaemann. Und auch in der Pastoral gehe es sehr stark um Selbsttranszendenz, meint Böschemeyer ganz im Sinne der Existenzanalyse. Der Mensch sei dann ganz Mensch, wenn er sich selbst übersieht und vergisst und ganz hingegeben ist an etwas oder jemanden, was nicht wieder er selbst ist.

Ein Geheimnis, das Lieben zu lernen, liegt auch in der Anschauung. Man müsste Sehschulen einrichten. Je mehr ich Menschen, Tiere, Pflanzen, Leben anschaue, desto mehr nehme ich sie wahr. Je mehr ich sie wahrnehme, desto mehr erkenne ich ihr Wesen. Je mehr ich ihr Wesen erkenne, desto mehr staune ich über sie. Je mehr ich über sie staune, desto mehr achte ich sie. Je mehr ich Menschen, Tiere, Pflanzen, Leben achte, desto mehr respektiere ich ihre Andersartigkeit. Je mehr ich ihre Andersartigkeit respektiere, desto mehr kommt mir das andere Leben entgegen.

Option für die Armen: der Blick zu den Rändern der Existenz

Gott ist Liebe[79] und Gott ist (auch) Gerechtigkeit. Das unterstreicht der Begründer einer „Neuen politischen Theologie" Johann Baptist Metz. Für den christlichen Glauben sei Gerechtigkeit nicht nur ein politisches oder ein sozialethisches Thema, sondern ein zutiefst theologisches, nämlich eine Glaubensauskunft über Gott und seinen Christus.[80] Metz verweist auf die „messianische Leidempfindsamkeit" Jesu, die nichts zu tun habe mit Wehleidigkeit oder einem unfrohen Leidenskult, die „aber alles zu tun (hat) mit einer biblischen Mystik der Gerechtigkeit: Gottesleidenschaft als Mitleidenschaft, als praktische Mystik der Compassion."[81] So sei christlicher Glaube unabdingbar ein gerechtigkeitssuchender Glaube. Christen seien dabei immer auch Mystiker, dies aber nicht nur im Sinne spiritueller Selbsterfahrung, sondern im Sinne einer spirituellen Solidaritätserfahrung. Sie seien vor allem „Mystiker mit offenen Augen"[82].

„Geht an die Ränder der Existenz, geht dorthin, wo Menschen einsam sind, wo sie enttäuscht sind, wo sie drogensüchtig sind." Das hat Papst Franziskus bei der Einführungswoche der neuen Bischöfe im September 2013 in Rom diesen sehr eindrücklich ans Herz gelegt. Mit den Menschen zu leben, wirklich bei ihnen zu sein, das ist der große Auftrag der Kirche. Mit Respekt, mit Wertschätzung zu den Menschen zu gehen, an die Ränder zu gehen, mit ihnen zu gehen.

Wurzel und Kernstück dieses Auftrags an Christen und Kirchen und ihr tiefster Grund liegen in der Option Gottes für die Armen (siehe auch Seite 33 ff.). Papst Franziskus widmet dieser Option Gottes für die Armen breiten Raum in „Evangelii Gaudium": „Im Herzen Gottes gibt es einen so bevorzugten Platz für die Armen, dass er selbst ‚arm wurde' (2 Kor 8,9)." (EG 197) Und weiter hält er fest: „Für die Kirche ist die Option für die Armen in erster Linie eine theologische Kategorie und erst an zweiter Stelle eine kulturelle, soziologische, politische oder philosophische Frage. Gott gewährt ihnen seine erste Barmherzigkeit." (EG 198) Eine Option für die Armen werde von der ganzen Tradition der Kirche bezeugt.

> Aus diesem Grund wünsche ich mir eine arme Kirche für die Armen. Sie haben uns vieles zu lehren. Sie haben nicht nur Teil am *sensus fidei,* sondern kennen außerdem dank ihrer eigenen Leiden den leidenden Christus. Es ist nötig, dass wir alle uns von ihnen evangelisieren lassen. (...) Wir sind aufgerufen, Christus in ihnen zu entdecken, uns zu Wortführern ihrer Interessen zu machen, aber auch ihre Freunde zu sein, sie anzuhören, sie zu verstehen und die geheimnisvolle Weisheit anzunehmen, die Gott uns durch sie mitteilen will. (EG 198)

Ganz konkret ruft der Papst dazu auf, „neuen Formen von Armut und Hinfälligkeit – den Obdachlosen, den Drogenabhängigen, den Flüchtlingen, den eingeborenen Bevölkerungen, den immer mehr vereinsamten und verlassenen alten Menschen usw. – unsere Aufmerksamkeit zu widmen. Wir sind berufen, in ihnen den leidenden Christus zu erkennen und ihm nahe zu sein, auch wenn uns das augenscheinlich keine greifbaren und unmittelbaren Vorteile bringt." (EG 210) Besonders hebt er auch die Migranten hervor, weil er Hirte einer Kirche ohne Grenzen sei, die sich als Mutter aller fühle. Und er ruft auf „zu einer großherzigen Öffnung, die, anstatt die Zerstörung der eigenen Identität zu befürchten, fähig ist, neue kulturelle Synthesen zu schaffen." (EG 210)

Der Blick auf die Märtyrer

Es ist uns vielleicht wenig bewusst, dass weltweit über hundert Millionen Christen wegen ihres Glaubens verfolgt werden, Schikanen ausgesetzt sind, ja hierfür ihr Leben lassen müssen. Der Weltverfolgungsindex 2014 des Hilfswerks Open Doors[83] zeigt drastisch auf, dass die Freiheit der Religionsausübung, wie wir sie hierzulande kennen, in vielen Ländern nur ein Wunschtraum ist. Nordkorea, Somalia, Syrien, der Irak, Pakistan, der Jemen, der Sudan und Nigeria zählen zu den Ländern, in denen Christen oft schweren Repressionen ausgesetzt sind oder zur Zielscheibe für Gewalt und Terror werden. Zugleich zeigt uns das aber auch: Selbst in hochgradig christenfeindlichen Staaten gibt es eine lebendige und wachsende Kirche. Christen halten im Verborgenen an ihrem Glauben fest.

Bischof zu sein in Österreich unterscheidet sich wesentlich davon, Bischof in Syrien zu sein. Das wurde mir sehr deutlich bewusst, als wir bei der Einführung der neuen Bischöfe im September 2013 in Rom miteinander gesprochen haben. Ich war in einer Gruppe zusammen mit syrischen, libanesischen, algerischen Bischöfen. Sie alle leben in großer Gefahr. Sie sind nie wirklich sicher, ob sie am nächsten Tag noch leben werden.

Die Geschichte der Kirche durch die letzten zweitausend Jahre und gerade der Anfang des Christentums ist auch eine Märtyrergeschichte. Denken wir etwa an die Katakomben in Rom, in die sich die Christen in den ersten Jahrhunderten vor der grausamsten Art und Weise der Verfolgung zurückgezogen haben. Dieses Martyrium hat auch wie eine Klärung zu einer inneren Veredelung des Christentums geführt. Sie hat die verfolgten Christen radikal zu ihrem Vertrauen auf Gott geführt – in allem Schmerz, in aller Unterdrückung, in aller Folter, wenn man nichts mehr hat, keine Macht, keine Freiheit –, außer dieses Vertrauen auf Gott. Die Geschichte des Christentums ist auch eine Geschichte der Märtyrer, bis heute.

Mut, Standfestigkeit und Vertrauen auf Gott haben auch zwei Märtyrer des vergangenen Jahrhunderts bewiesen, Franz Jägerstätter und Carl Lampert, die beide seliggesprochen worden sind. Beide haben sich in der dunklen Zeit des NS-Regimes kompromisslos dafür eingesetzt, dass Menschen wieder Menschen werden. In einem radikalen Unrechtssystem war das ihre größte Absicht, ihr größter Wunsch. Es war keine einfache Zeit, es war die Zeit der Angst, der Einsamkeit, auch der Verzweiflung.

Franz Jägerstätter (1907–1943) hat durch zwei Dinge besonders herausgeleuchtet: das Vertrauen auf sein Gewissen, das für ihn der Ort der Begegnung und des Dialogs mit Gott war. Das Gewissen war für Jägerstätter das Gewisseste, auf das er gebaut hat. Gegen alles Einreden von außen – ob durch Priester, durch Politiker, durch „vernünftige" Ratgeber – hat er sich trotz allem auf diesen inneren Dialog und dieses innere Intimsein mit Gott verlassen und darauf mehr vertraut als auf alle Einflüsterer. Das Zweite war sein unerschütterlicher Mut, diesen schweren Weg tatsächlich zu gehen. Der Weg vom guten Gedanken, vom Vorsatz zum Tun ist oft sehr lang. Dieser Weg war bei Jägerstätter kurz und von Mut getragen. Das war auch ein großes Verdienst seiner Frau Franziska, die trotz der drei kleinen Kinder, die sie hatten, seinen Weg unterstützt hat.

Ganz ähnlich war es bei Carl Lampert. Er war ein erfolgreicher und karrierebewusster Kirchenrechtler, der nicht zum Märtyrer geboren war. Er wurde zum Märtyrer gemacht. Lampert kannte die gleiche Dynamik wie Franz Jägerstätter, das Vertrauen auf den intimen Bereich des Dialogs mit Gott, das Gebet, den Ort des Gewissens. Beeindruckend ist sein unerschütterliches Vertrauen in die Vorsehung, die er als „weise und anbetungswürdig" bezeichnet. Und auch bei ihm der bewundernswerte Mut, diesen Weg zu gehen, wenn er in einem seiner Briefe aus dem Gefängnis schreibt: „Hätte ich nicht eine innere Kraft, so möchte man verzweifeln an solchem Wahnsinn des Lebens."[84] Sein Mut war gespeist von dieser inneren Kraft, der Verbundenheit mit Christus.

Der Blick auf die Märtyrer zeigt uns, dass wir immer wieder verbunden sein müssen und dürfen mit der inneren Quelle, mit der Kraft des Gebetes. Das Gebet, dieses einfache und schlichte Dasein vor Gott, ist eine Grunddimension des Christseins und der christlichen Gemeinde. Die Märtyrer zeigen uns, was letztlich bedeutsam ist. Carl Lamperts Worte, die er aus der Todeszelle an seinen Bruder schreibt, berühren tief: „Ein kleiner Sonnenstrahl stiehlt sich durchs kleine Kellerfenster in meine Zellengruft. Allweiser du, mein Gott, anbetend stehe ich vor dir. Wie Schalen sind offen mir die Hände mein. Was meiner Seele frommt leg du hinein! Und dankend preis ich dich für Glück und Leid und Tod."[85]

Mutiges Christsein

Es gibt in Mitteleuropa keine offensive Christenverfolgung. Aber das darf nicht darüber hinwegtäuschen, dass es in unserer Gesellschaft oft Mut braucht, sich zu Christus zu bekennen. Dies gehört nicht zum Mainstream, wie das noch vor zwanzig, dreißig Jahren vielleicht der Fall war. Religion und Kirche stoßen vielfach auf Gegenwind, auf Widerstand, sie werden belächelt. Das bekommen nicht nur Jugendliche in der Schule und im Freundeskreis zu spüren. Medien geben es wieder und verstärken es: Kirche, Religion sind out. Da kommt der Faktor des Mutes und des Vertrauens auf Gott ganz neu in den Blick.
Eine moderne Pastoral muss darum auch eine mutige Pastoral sein. Der Blick auf die Märtyrer, die diesen Mut gelebt haben, der nicht ein Fanatismus war, sondern der gespeist wurde aus der Mystik und aus der inneren, persönlichen Beziehung zu Gott, muss auch unsere Pastoral prägen und tragen.

KAPITEL 5

Eine Sehnsucht lockt zum Aufbruch

M enschliches Leben ist von seiner Bestimmung her ein „Unterwegs-Sein". Der Mensch ist ein „Homo viator", ein Mensch auf dem Weg, wie ihn die Existenzphilosophie bezeichnet. So ist unser Leben bestimmt von einer ständigen Bewegung von der Potenzialität zur Aktualität oder, einfacher ausgedrückt: Das Leben ist eine ständige Bewegung von den Möglichkeiten und Fähigkeiten, die in uns schlummern, hin zu deren Verwirklichung.

Unser Leben ist ein „Aufenthalt im Werden". Und deshalb ist das menschliche Sein auch das Zerbrechlichste, das am meisten Verletzbare und Verwundbare. Aufbrüche, Neuanfänge gehören daher zu unserem Leben so wie das Wasser zum Leben eines Fisches. Ein aufmerksamer Blick in unser Inneres und um uns herum bestätigt das in jedem Augenblick: Aufbruch, Neuanfang ist ein Thema jedes Lebens.

—Neubeginn ist ein Thema, eine Sehnsucht jener Menschen, die *keinen Sinn mehr im Leben spüren.* Wie oft erleben wir, dass junge Menschen, dass ältere Menschen sich schwer tun, einen Sinn im Leben zu finden. Es scheint keinen Ausweg mehr zu geben als den Weg in die Drogen, in den Alkohol oder vielleicht sogar in die Zerstörung des eigenen Lebens. Oft habe ich in der Therapie ein solches Ringen begleitet. Manchmal schien es, dass auch die Zerstörung des Lebens ein letzter Versuch war, einer ausweglos erlebten Situation noch einen Sinn zu geben.

—Neubeginn ist Thema in einer *Welt, die zerstritten ist.* Wir erleben Streit in Beziehungen, in Familien, Konflikte zwischen Eltern und Jugendlichen. Wir erleben Krieg. Manchmal fehlt es nicht an Bemühungen und gutem Willen und trotzdem müssen wir merken: Es geht einfach nicht. Wir

Im Stallgeruch der Schafe

leben uns auseinander, wir werden uns immer fremder, wir reden immer weniger miteinander. Aber auch hier gibt es die Hoffnung der Versöhnung. Konflikte wird es immer geben, Verletzungen wird es immer geben, aber es kann auch immer wieder Verzeihung, ein Händereichen, einen Weg zueinander geben.

— Neubeginn ist ein Thema in *einer Welt des Leides*. Leid und Krankheit sind Wirklichkeiten, die uns viel zu schaffen machen. Dazu ein Beispiel: Meine frühere Wohnung lag direkt gegenüber einem Krankenhaus. Von meinem Zimmer aus sah ich direkt hinüber in die Abteilung „Innere Medizin", die „Stress-Station", wie es die Ärzte manchmal bezeichnen. Oft war da in der Nacht noch Licht oder wieder Licht. Und ausgerechnet auf dieser Station habe ich als Priester schon so viel an Hoffnung, an Neuanfang erleben dürfen. Ein Mann auf dieser Abteilung hat mich sehr beeindruckt. Er sagte zum mir: „Bete für mich, dass ich entweder gesund werde oder dass ich sterbe." Welcher Glaube, welche Hoffnung auf Gott spricht aus diesem Satz eines Menschen im Ernstfall seines Lebens. Es hat mir wohlgetan, dass ein Mensch das wirklich sagen kann. Er starb dann. Gott schenkte ihm einen Neuanfang in einer anderen Welt.

— Neubeginn ist ein Thema für eine Welt, in der *so vieles bedroht erscheint*. Die Umwelt, die Gerechtigkeit, der Friede ... So vieles ist gefährdet, ist bedroht. Viele falsche Propheten wissen diese No-Future-Stimmung auszunutzen. Drohungen, Angstmacherei und leere Versprechungen füllen kurzfristig die Kassen.

Aufbruch und Neubeginn

Das Thema „Aufbruch und Neubeginn" zieht sich wie ein roter Faden durch die Heilige Schrift, zum Beispiel beim Propheten Hosea: „Nehmt Neuland unter den Pflug!" (Hos 10,12)

Persönlichkeiten des Alten und Neuen Testamentes zeigen eindrucksvoll, dass Neuanfänge immer wieder gefordert sind und auch gelingen können. Das vielleicht markanteste Beispiel ist Abraham. Man könnte die Stelle im Buch Genesis (Gen 12,1–5) auch mit der Überschrift versehen: „Ein alter Mensch macht sich wieder auf den Weg": „Gott sprach zu Abram: Komm heraus aus deinem festen Haus in Haran. Ziehe fort aus deinem Land, aus den Steinen der Härte, aus der müden Gewohnheit. Ich will dir ein Land zeigen, wo du wohnen kannst, und ich will dich segnen (...) Da zog Abram fort, wie ihm Jahwe befohlen hatte." (nach Gen 12,1–3)

Abraham steht da als Vorbild, als Aufforderung für alle, die sich eingenistet haben in ihren Gewohnheiten: Ein Beruf ist erlernt, eine Familie gegründet, ein Haus ist gebaut. Alt sein meint nicht so sehr die Lebensjahre, sondern vielmehr die Art zu leben. Die Offenheit dieses Menschen ist faszinierend, die Neugierde erstaunlich. Er ist in seinem Alter noch bereit, Sicherheiten aufzugeben und sich auf Neues einzulassen. Abraham kennt zwar das Ziel nicht, erkennt aber den, der ihn ruft. Wenn mein Leben nicht in Alltäglichkeiten und vermeintlichen Sicherheiten erstarren, sondern ein Leben in Fülle sein soll, dann ist auch von mir diese Haltung des Abraham gefordert: Aufbruch ins Ungeahnte.

Wie aber ist es möglich, dass jemand diesen Auszug aus seinen Gewohnheiten wagt, dass er die Kraft findet, auszubrechen, aufzubrechen in ein neues, unbekanntes, unsicheres, von Schwierigkeiten begleitetes Leben? Was müsste passieren, damit das auch für mein Leben gelingen könnte? In der Logotherapie gibt es den Ausdruck des *Wertfühlens*. Er meint, die Lebenswerte erspüren zu lernen. Genau darin können das Motiv, die Kraft und die Energiequelle für jeden Neuanfang stecken.

Abraham hat sich nicht selbstzufrieden hingesetzt, sondern er hat seine Lebenswerte gespürt – von innen heraus, von der Welt her, von Gott zugesagt. Diese Werte haben sein Leben in Bewegung gehalten – sie haben dem Leben eine Richtung gegeben. Der große Theologe Romano Guardini sagt, der Wert sei etwas Kostbares. Er meint den Kostbarkeitscharakter der Dinge. Darauf antwortet die Werterfahrung. Werte bestimmen unsere Ziele, Ziele sind der Weg zum Gelingen. Jedes spezifische Berührtsein und In-Schwingung-Kommen, jeder Wert erfordert Stellungnahme, eine Antwort.[86] Der Begriff des Wertfühlens, wie ihn die Existenzanalyse Viktor Frankls versteht, meint das Wahrnehmen des eigenen Gespürten. Das ist gerade auch bei Entscheidungsprozessen von Bedeutung. Bei einer Entscheidung können viele Faktoren eine Rolle spielen: Für wen oder was ist mein Vorhaben von Nutzen? Welche Gründe sprechen dafür? Habe ich Zeit und Kraft für das Projekt? Entspricht es meinen Überzeugungen? Und selbst wenn ich alle Argumente geprüft habe, wenn ich nach den Regeln der Psychologie und des Entscheidungsmanagements alle Faktoren abgearbeitet habe, dann gibt es noch immer so etwas wie ein „Bauchgefühl" oder Intuition. Man hat zwar eine Entscheidung im Kopf getroffen, aber innerlich sperrt sich noch etwas, den letzten Schritt zu tun. Etwas ist noch nicht wirklich stimmig. Wertfühlen meint hier ein intuitives, gefühlsmäßiges Andocken an einen umfassenderen Sinn.

Ein Manager hat das einmal so beschrieben: Bei einer Personalentscheidung hast du hundert Gründe und Argumente dafür; die Kompetenzen, die jemand für eine Stelle mitbringt, sind geprüft. Zu einer guten Personalentscheidung gehört auch etwas, das man umgangssprachlich als „Bauchgefühl" bezeichnet, ein intuitiver Faktor, der auch im Personalmanagement immer bedeutsamer wird. Das deutet auch darauf hin, dass der Mensch in Verbindung ist mit dem Ganzen. Man hat ein Gefühl, ob jemand in das System oder in die Kultur eines Betriebes passt. Und das ist mehr als ein sachliches Urteil über Kompetenz oder Inkompetenz.

Kein großes Wunder also. Mein Leben will sich entfalten aus der Tiefe des Wertfühlens heraus. Natürlich kann es auch Situationen geben, in denen wir fühlen, was richtig wäre, und wir tun es dann doch nicht. Dann fehlt entweder der Mut oder es fehlt an Kraft oder auch an Kompetenz. Aber dann werden wir das letzte Soll unseres Lebens schwer erreichen.

Was hindert das Wertfühlen?

—*Zu wenig Lebensraum.* Um Werte fühlen zu können, braucht es genügend schöpferischen Freiraum. Viele Menschen sind in ein Zeitkorsett gezwängt, das ihnen für einen Blick auf den Sinnhorizont ihres Lebens kaum mehr Raum lässt. Heute ist es oft so, dass viele Menschen zu wenig Raum und Zeit haben, damit Werte vermittelt oder verspürt werden können. Es ist notwendig, dass ich in meinem Leben also Grenzen setze. Nicht Grenzen, die das Leben verhindern, zerstören, sondern Grenzen, an denen Leben wachsen kann.

—Ein anderer Faktor, der das Wertfühlen verhindert, ist die Überfütterung in fast allen Lebensbereichen. Damit ist alles das gemeint, was unter dem Begriff Konsummentalität zusammengefasst werden könnte. Eine Untersuchung in Deutschland etwa besagt, dass Kinder im Durchschnitt dreißig bis sechzig Stunden pro Woche vor dem Fernsehapparat oder Computer verbringen. Und solche Überfütterung geschieht nicht nur im Bereich der Medien, sondern auch im Bereich des Konsums und in vielen Bereichen des Lebens.

—Ein weiteres Hindernis für das Wertfühlen ist die *Außenlenkung.* Sie tritt oft an die Stelle des Wertfühlens, an die Stelle des Gewissens. Die Werbung beispielsweise spricht gerade diese subtilen und sehr feinfühligen Mechanismen an, um Menschen in eine bestimmte Richtung zu manipulieren, zu bewegen und Bedürfnisse zu wecken, die vielleicht ursprünglich gar nicht vorhanden waren. Unser Leben ist, wenn wir nicht achtgeben, in vielen Bereichen außengelenkt und auch auf weiten Strecken manipulierbar.

— Auch die *Technisierung* kann das Wertfühlen stören. Der technisierte Mensch fordert das Experiment, und alles, was nicht experimentell bewiesen werden kann, existiert nicht bzw. hat keine Bedeutung. Nur ist es auf der anderen Seite aber eine menschliche Wahrheit, dass die entscheidenden Dinge nicht messbar sind: Liebe, Hoffnung, Vertrauen, Gott ... Man kann nicht zehn Gramm Liebe in ein Reagenzglas geben, sie erhitzen und hoffen, dass dann etwas Entscheidendes passieren wird. Auch Viktor Frankl bezeichnete Technisierung und Naturwissenschaft als die beiden großen Gefährdungen des 20. Jahrhunderts.[87]

Werte kann man nicht machen, Werte können nur entdeckt werden. Werte kann man auch nicht naturwissenschaftlich diskutieren. Wie nun kann das Wertfühlen gelernt werden, das Wertfühlen, dem Abraham vertraut hat? Was kann dabei helfen, die persönliche Berufung zu finden?

— *Vertrauen auf das eigene Gefühl.* Wir vertrauen so vielen Dingen: der Wissenschaft, der Medizin, den Medien, Gurus. Vertrauen wir auch dem eigenen Gefühl, das ja wohl das Authentischste, das mir Innerste und Eigenste ist?

— Weise Menschen haben diesen Gedanken immer wieder in beeindruckende Worte gekleidet. So schreibt etwa Blaise Pascal[88]: „Das Herz hat seine Gründe, die die Vernunft nie weiß." (C'est le cœur qui sent Dieu et non la raison. – Es ist das Herz, das Gott fühlt, und nicht der Verstand.) Oder Antoine de Saint-Exupéry: „Man sieht nur mit dem Herzen gut, das Wesentliche ist unsichtbar für die Augen." Und Viktor Frankl: „Immer ist das Herz weitsichtiger, als der Verstand je scharfsinnig sein kann."[89]

— *Kultur der Muße.* „Müßiggang ist aller Laster Anfang." So hat es früher einmal geheißen. Dieser Satz trifft jedenfalls in diesem Zusammenhang nicht zu. Vielmehr ist es in einer gehetzten Zeit gerade umgekehrt: Muße ist der Anfang, der Beginn von etwas sehr Kostbarem. Sie ist der Auftakt für das Genießen. Im Genießen entwickelt sich Geschmack für das Leben. Gott ist der, der das Leben liebt. Um wertfühlen zu können, braucht es Zeit und Raum zur Besinnung. Es braucht eine Kultur der Langsamkeit, damit man die Werte spüren kann.

— Wenn wir zum Beispiel auf Kinder schauen, dann müssen wir feststellen: Wir haben zwar die Kinderarbeit abgeschafft, aber wir haben den Schulstress eingeführt. Kind sein, das hieße doch eigentlich: Du darfst lernen, einfach so zu sein, ohne etwas leisten zu müssen, du darfst einfach offen sein, du darfst vertrauen, du darfst dich freuen, du darfst ganz einfach sein. Vom Haben zum einfachen Sein. Die Geschwindigkeit an der Innenseite des Lebens ist langsamer. Wenn wir das Wertfühlen, das, was uns zum Leben befähigt, wirklich ernst nehmen, dann müssen wir die Kultur der Muße, die Kultur des Gewissens lernen.

— *Mut zur Einsamkeit.* Wenn ich den Mut habe, das Eigene zu spüren und zu tun, dann mache ich auch die Erfahrung, dass das Eigene mich von anderen unterscheidet und vielleicht auch trennt. Um die eigene Berufung zu spüren, braucht es den Mut, Menschen zu enttäuschen. Als Beispiel dafür kann wiederum das Leben von Franz Jägerstätter dienen. Er musste seine Freunde, auch seine Liebsten, unweigerlich enttäuschen, um seinem Ruf konsequent zu folgen, sich nicht für das Regime der Nationalsozialisten einspannen zu lassen.

— Jacques Lacan spricht vom Mangel, den es in jeder menschlichen Beziehung gibt. Irgendwo muss ein jeder Mensch schmerzlich merken, dass er den anderen nie ganz begreifen, ganz verstehen, ganz erfassen kann. Wir spüren die Grenze zum anderen Menschen. Max Frisch hat das so ausgedrückt, dass man, sobald man sage, man kenne einen Menschen, bereits aufgehört habe, diesen zu lieben. Liebe kennt diesen Mangel, Liebe achtet den ganz persönlichen Weg. Das heißt aber auch: Liebe kennt Einsamkeit.

—*Mut, „schuldig" zu werden.* Die Situation tritt häufig, ja fast täglich auf: Ich stehe vor zwei Werten: Hier ist ein Wert und dort ist ein Wert. Welchen soll ich wählen? Jedes Ja zu einem Weg heißt Nein zu einem anderen. Das führt oft dazu, dass man sich nicht entscheiden will: Solche Schwebezustände brauchen aber viel Kraft und sind ungesund. Ich brauche die Bereitschaft, auch einmal an einem Wert schuldig zu werden. Es kann auch bedeuten, jemanden zu enttäuschen. Gerade wenn Eltern Erwartungen an ihre Kinder haben, ist es oft nicht einfach für sie, ihren Weg zu gehen. Wer nicht wagt, in diesem Sinn schuldig zu werden, der verliert sein Leben.

—Ein weiteres Beispiel aus der Zeit des Nationalsozialismus ist der Kreis um Claus Schenk Graf von Stauffenberg und den evangelischen Theologen Dietrich Bonhoeffer. Sie standen vor einem existenziellen Wertekonflikt in ihrem Denken und Handeln: Ist es erlaubt, ja vielleicht sogar im Gewissen geboten, den Tyrannen zu töten? Die Gruppe, die das Attentat versucht hat, ist zu der Gewissenserkenntnis gelangt, dass der Tod des Tyrannen das kleinere Übel sei.

—*Einander glauben und verzeihen.* Um Wertfühlen zu lernen, braucht es die Fähigkeit, einander zu glauben, dass man einem Wert folgt, und einander auch zu verzeihen. Verzeihen heißt, dem anderen seine Gewissensentscheidung zu glauben. Oft unterstellen wir dem anderen, dass er es nicht gut meint. Wir sprechen ihn schuldig und damit ist für uns die Sache erledigt. Wir sollten uns durchringen zu einer Haltung des Grundvertrauens, dass der Kern jedes Menschen gut ist. Wir sollten dem anderen Menschen vertrauen und ihm zutrauen, dass er seinen Weg geht, und ihm auch verzeihen, wenn er einen Weg geht, der für mich nicht verständlich ist.

—Viktor Frankl[90] sagt einmal, das Gewissen sei so feinfühlig, dass es in jeder Situation herausspüren könne, worauf es wirklich ankomme. Trotzdem bleibt das Gewissen dem Irrtum unterworfen – und dennoch ist es das Gewisseste, was der Mensch hat. Denken wir an den Aufbruch Abrahams: Er ist dem Anspruch seines Gewissens gefolgt, vielleicht, ja sicher sogar gegen sogenannte menschliche und vernünftige Gründe. Er hat es beherrscht, was man mit Wertfühlen bezeichnet – und er hat dadurch auch viel gewonnen.

Jakobs Neubeginn: Der Kampf mit Gott verändert ein Leben

Ein anderes eindrucksvolles Bild aus der Bibel, das einen Neubeginn schildert, ist der Kampf Jakobs: „Da rang einer mit ihm bis zum Anbruch der Morgenröte." (Gen 32,23–30) Jakob steht für alle Menschen, die sich schwertun mit Gott, die um Gott und mit Gott kämpfen und mit ihm hadern, so wie es der Psalmist tut:

> Herr, hast Du mich für immer vergessen?
> Wie lange willst Du Dich denn noch verbergen?
> Wie lange sollen mich die Sorgen quälen,
> der Kummer Tag für Tag an meinem Herzen nagen?
> Wie lange dürfen mich die Feinde noch bedrängen?
> Sieh mich doch wieder an, Herr!
> Gib mir doch Antwort, Du mein Gott!
> Mach es wieder hell vor meinen Augen,
> damit ich nicht in Todesnacht versinke! (Ps 13)

Manche können und möchten nicht warten auf Gott. Der Weg in Psychokulte und Sekten ist ihre Alternative. Dort wird geboten, was sie sich wünschen: Selbsterfahrung, Gottesbegegnung im Schnellverfahren. Der Neuanfang, den Jakob uns zeigt, ist ein anderer. Jakob kämpft mit Gott, er klammert sich an Gott und packt seine Hand, um seinen Segen zu erhalten. Diese Begegnung verändert ihn dermaßen, dass er sogar

einen neuen Namen bekommt: Israel (das bedeutet: „er hat
sich Gott gegenüber als stark erwiesen"). Das kann für uns
heißen, dass wir die Zweifel unseres Lebens nicht zu verbergen, nicht zu leugnen und auch nicht wegzureden brauchen.
Maurice Blondel[91] sagt: „Man kennt und liebt eine Sache erst,
wenn man an ihr gelitten hat." Das gilt für die zwischenmenschlichen Beziehungen und wohl auch für die Beziehung
mit Gott. Das kann ich auch aus meiner persönlichen Erfahrung bestätigen: Immer, wenn ich mit Gott „gekämpft" habe,
habe ich gespürt, dass ich näher zu ihm gefunden habe.

Elijas Neubeginn: Ein Mutloser findet neue Kraft

Ein anderes Bild aus der Bibel für einen Neubeginn finden wir
beim Propheten Elija (1 Kön 19,3–8). Elija ist müde. Verfolgt,
unverstanden zieht er sich in die Wüste zurück, setzt sich unter
einen Strauch und wünscht sich den Tod: „Nun ist es genug,
Gott! Nimm meine Seele hin." Die Antwort Gottes ist eine andere: „Steh auf und iss!" Neben ihm liegen ein gerösteter Fladen
und ein Krug Wasser – ein Hochgenuss in der Wüste!
Manchmal stecken wir doch auch in der Haut des Elija: mut-
los, müde, scheinbar ohne Erfolg, enttäuscht und verzweifelt.
Dann brauchen auch wir diesen Engel, der am Rande unseres
Weges steht, der uns ermuntert, weiterzugehen, einen neuen
Anfang zu machen.
In einem Exerzitienkurs hat eine Frau dieses Gebet formuliert:

Ich bin unterwegs, Herr,
auf der Wanderschaft meines Lebens.
Ich gehe und gehe und komme nicht weiter.
Müde und hilflos steh ich vor dir.
Mein Weg war klar,
geplant und abgesichert nach allen Seiten
von mir!
Doch jetzt bin ich mit meiner Weisheit am Ende.

Ob Du mir hilfst?
Du kennst meinen Lebensweg –
sei mein Begleiter!

Taube hören: Neuanfang für Einsame

Auch die Heilung eines Taubstummen durch Jesus (Mk 7,31–
37) ist eines von vielen biblischen Beispiele eines Neubeginns.
Der Taubstumme, ein Mensch, der nicht gelernt hat zu hören.
Ein Einsamer, ein Gefangener. Der Mangel an menschlicher
Kommunikation führte ihn ins Abseits. Finden wir diesen
Taubstummen nicht des Öfteren auch in uns und um uns?
Wenn es stimmt, dass Ehepartner täglich nur ca. acht Minuten miteinander sprechen – was ist das denn anderes als taub
und stumm sein?
In der Begegnung mit Jesus öffnet sich für diesen Menschen
eine neue Welt. Für ihn sind Kerkermauern gefallen. Jetzt
steht er als Freier unter Redenden und Hörenden. Er hört Gott
und er hört die Menschen. Neuanfang kann heißen, Mauern
abzutragen zwischen uns Menschen, Mauern der Gleichgültigkeit, der Unsicherheit, des Hasses, der Angst.
Dieser kurze Spaziergang durch die Bibel macht deutlich,
dass Neuanfang viele Gesichter haben kann. Jeder und jede
kann dazu seine eigene Geschichte schreiben. Carl Friedrich
von Weizsäcker meint in einem bekannten Zitat: „Man kann
in dieser Welt, wie sie ist, nur dann weiterleben, wenn man
zutiefst glaubt, dass sie nicht so bleibt, sondern werden wird,
wie sie sein soll."

Aus den spirituellen Quellen schöpfen: Mystik und Gebet

Christliche Spiritualität lebt von einer größeren inneren Zuwendung zu Gott, zur Welt, zum Menschen. Hilfreich auf

diesem Weg sind aber auch ganz konkrete äußere Rahmenbedingungen, die einen Raum für die Seele bieten, um in diese geistliche Dimension einzutauchen. Denn nicht das Viel-Wissen sättige die Seele, sondern das Verspüren und Verkosten der Dinge von innen her, wie Ignatius von Loyola[92] betont. Hilfreich können einige Dinge sein, die in der Heiligen Schrift angeregt werden und die in der heutigen Situation des religiösen, spirituellen Lebens eines Hirten, eines Menschen, der pastoral tätig ist, Bedeutung haben können. Das können besondere Orte sein, es können besondere Zeiten sein, es können Menschen sein, es können bestimmte Formen und „Sprachen" sein, die eine Nähe zum Göttlichen erfahren lassen.

Ein Christ, ein Mystiker des 21. Jahrhunderts ist ein Mensch, „der etwas erfahren hat". Karl Rahner SJ unterstreicht das in einem seiner bekanntesten Texte:

> Wenn einer es heute fertig bringt, mit diesem unbegreiflichen, schweigenden Gott zu leben, den Mut immer wieder neu findet, ihn anzureden, in seine Finsternis glaubend, vertrauend und gelassen hineinzureden, obwohl scheinbar keine Antwort kommt als das hohle Echo der eigenen Stimme, wenn einer immer wieder den Ausgang seines Daseins frei räumt in die Unbegreiflichkeit Gottes hinein, obwohl er immer wieder zugeschüttet zu werden scheint durch die unmittelbar erfahrbare Wirklichkeit der Welt, ihrer aktiv zu meisternden Aufgabe und Not und ihrer immer noch sich weitenden Schönheit und Herrlichkeit, wenn er diese fertig bringt ohne die Stütze der „öffentlichen Meinung" und Sitte, wenn er diese Aufgabe als Verantwortung seines Lebens in immer erneuter Tat annimmt und nicht als gelegentlich religiöse Anwandlung, dann ist er heute ein Frommer, ein Christ.[93]

Das Entscheidende ist es, den Ausgang des Daseins freizuräumen in die Unbegreiflichkeit Gottes. Wie nun kann eine solche mystische Erfahrung geschenkt werden? Was sind Voraussetzungen, damit dieses Geschenk des Glaubens im Herzen jedes Menschen einen Ort findet?

Hauptstraßen in das Geheimnis Gottes

Dankbarkeit

Dankbarkeit ist wohl die bedeutendste Kategorie des menschlichen Denkens und Fühlens, die darauf hinweist, dass der Mensch ein Beschenkter ist, dass der Mensch aus sich heraus nichts vermag und auch nicht lebensfähig ist. Schon vom ersten Atemzug an ist ein Kind beschenkt von der Liebe und Zuwendung der Eltern. Dankbarkeit ist das wichtigste „Nahrungsmittel" für einen jungen Menschen, sie trägt das Vertrauen, das Lernen, die vielen Begegnungen, die einen Menschen reifen lassen. Der Blick in ein Leben, auch wenn es nur wenige Monate oder Jahre gedauert hat, ist ein Grund zur Dankbarkeit. Letztlich ist alles Gnade, alles Geschenk. Und so führt die Grundhaltung der Dankbarkeit wie eine Hauptstraße in die Ahnung von Transzendenz, in die Ahnung, dass die Welt als Ganzes und unser Leben von etwas Größerem getragen sind, dass die Welt und unser Leben sich nicht selbst schaffen und regulieren, sondern Schöpfung sind im theologischen Sinne. Dankbarkeit ist somit jene Grundhaltung des menschlichen Geistes, die uns hineinführt in die Beziehung zu einem DU, in letzter Konsequenz in die Beziehung zu Gott als dem Schöpfer unseres Daseins.

Achtsamkeit für das Alltägliche

Die Welt heute ist in vielen Bereichen schnell und oberflächlich geworden. Wer nimmt sich Zeit, sich an einem wunderschönen Frühlingstag auf eine Bank zu setzen und die Blumen einer Wiese zu betrachten? Jede Wiese, jede Blume ist ein Wunder, in dem sich das Wunder des ganzen Universums spiegelt. Der Mikrokosmos, ein wunderbares Abbild des Makrokosmos. Die Achtsamkeit für die Dinge des Alltags, die uns begegnen, ist etwas, das uns in die Beziehung zu Gott führt. Es öffnet unseren Ausgang des Daseins für die Unbegreiflichkeit Gottes, wie es Karl Rahner SJ formuliert.

Eine Begegnung mit der 2013 verstorbenen Franziska Jägerstätter, der heiligmäßigen Frau von Franz Jägerstätter, der von den Nationalsozialisten wegen Wehrdienstverweigerung hingerichtet wurde, hat hierfür ein amüsantes Beispiel geliefert. Ich war zu Besuch bei der Familie Dammer, der Tochter von Franz Jägerstätter und Franziska, bei der Franziska in ihren alten Tagen lebte. Ein Manager begleitete mich und wir führten ein anregendes und berührendes Gespräch mit Franziska Jägerstätter. Plötzlich stellte dieser junge Manager die, man könnte fast sagen typische, Managerfrage und wollte von ihr wissen: „Was ist denn Ihr nächstes Projekt?" Franziska Jägerstätter schaute diesen jungen Intellektuellen etwas erstaunt an und sagte eine spürbar lange Zeit nichts, um dann einfach die kurze Antwort zu geben: „Das Obst." Diese Antwort war wie ein sanfter Schlag in die Magengrube, aber gleichzeitig ein deutlicher Hinweis auf das Entscheidende in unserem Leben. Für eine Bäuerin, die aufmerksam ihren Weg geht als gläubige Christin, ist es einfach das Obst, das im Herbst am wichtigsten ist. Das Alltägliche, die Fragen, die uns das Leben stellt, die Herausforderungen, die uns entgegenkommen, sind der Ort des Lebens, sie sind der Ort von Gottesbegegnung. Die Achtsamkeit ist es, die uns letztlich hineinführt in die Mystik, in das Geheimnis unseres Daseins und konsequenterweise dann auch in das Geheimnis Gottes.

Das immerwährende Gebet

Was gläubige Menschen und Mystiker in allen Weltreligionen auszeichnet, ist, dass sie gleichsam „unter den Augen Gottes" leben. Ständig sind sie so – so das Gefühl, der Eindruck –

in Verbindung mit ihrem Schöpfer. Der heilige Gregor vom Sinai (1255–1346) meinte einmal, Gebet sei Gott in uns; Gott, der in unserem Herzen durch die Taufe wohnt. Ein mystischer Mensch, ein gläubiger Mensch, ein betender Mensch sei jemand, der in dieser immerwährenden Verbindung stehe mit dem „Gott in uns".

Das Hören

Eine weitere Grundhaltung eines Mystikers ist das Hören. Ein hörender Mensch ist ein Mensch, der offen ist für die Begegnung mit einem DU. Er ist jemand, der etwas erwartet, das außerhalb seiner Existenz ist, der bereit ist, sich zu bewegen, sich zu öffnen. In vielen geistlichen Texten ist dieses Hören von großer Bedeutung. So beginnt zum Beispiel die Regel des hl. Benedikt mit dem weiter oben bereits zitierten Satz: „Höre, mein Sohn, auf die Weisung des Meisters, neige das Ohr Deines Herzens."[94]
Ein großartiges Bild für die Haltung des Hörens, das Ohr des Herzens zu neigen und zu lauschen auf die leisen Töne des großen Geheimnisses des Lebens. Ein mystischer Mensch, ein weiser Mensch, wie es im Alten Testament auch König Salomo war, ist ein hörender Mensch. „Schenke mir, Herr, ein hörendes Herz", lautet Salomos Bitte, die Gott ihm gewähren soll (1 Kön 3,9). Ein hörender Mensch ist ein weiser Mensch, weil er in dieser Haltung die Zusammenhänge des Lebens erahnen darf.

Stufen des Gebetes

Wenn wir in der christlichen Tradition vom Beten sprechen, dann gibt es die unterschiedlichsten Zugänge. Viele große Beter reden von Stufen des Gebetes. Der Mystiker des Mittelalters Johannes Tauler (ca. 1300–1361) schreibt in einem seiner Werke von drei Stufen, drei Graden des Gebetes. Sie sind eine

Anregung, uns vor Augen zu führen, was mit Gebet gemeint sein kann. Beten kann heißen, das Herz des Himmels zu hören.

> Glaubt doch nicht, das wahre Gebet bestehe darin, dass man viel außen mit dem Mund plappert, viele Psalmen und Vigilien betet, den Rosenkranz durch die Finger gleiten und die Gedanken (dabei) hier und dorthin laufen lässt! (...) Lass entschlossen alles fahren, was dich an dem wahren und wesentlichen Gebet hindert. (...) Nun will ich von drei Graden (des geistlichen Lebens) sprechen, die der Mensch als unteren, mittleren und höchsten Grad besitzen kann. Der erste Grad (...), der uns geradewegs in Gottes Nähe führt, besteht darin, dass der Mensch sich gänzlich den wunderbaren Werken und Offenbarungen der unaussprechlichen Gaben und dem Ausfluss der verborgenen Güte Gottes zuwende; daraus entsteht dann ein Zustand (der Seele), den man „jubilatio" nennt. Der zweite Grad ist geistige Armut und eine sonderliche Entziehung Gottes, die den Geist quälender Entblößung überlässt. Der dritte Grad ist der Übergang in ein gottförmiges Leben, in Einigung des geschaffenen Geistes mit dem aus sich selbst seienden Geist Gottes (...)[95]

Der Mut im Gebet

Wenn man die Stufen und Grade des Betens von Johannes Tauler ernst nimmt und auch in seiner persönlichen Erfahrung kennt, dann merkt man natürlich sofort, dass Gebet manchmal in Mutlosigkeit führen kann, wenn im Herzen der Eindruck entsteht, dass Gott so unendlich fern ist, so unendlich unnahbar, so unendlich verborgen.

Papst Franziskus hat einen sehr ermutigenden Gedanken formuliert, der davon spricht, dass es auch Mut braucht im Gebet, den Mut, sich, wenn man so sagen möchte, unverfroren dem göttlichen Geheimnis zu nähern. Er sagt in einer Predigt:

> Ein Gebet, das nicht mutig ist, ist kein richtiges Gebet. Den Mut zu haben, darauf zu vertrauen, dass der Herr uns erhört, den Mut,

an der Tür zu klopfen ... Der Herr sagt es: „Denn wer immer anklopft, erhält, und wer sucht und wer anklopft, dem wird geöff-
net." Wenn wir mutig beten, gibt uns der Herr die Gnade, gibt
sich aber auch selbst in der Gnade: den Heiligen Geist, sich selbst!
Niemals gibt oder schickt der Herr eine Gnade via Post: Niemals!
Er bringt sie selbst! Er selbst ist die Gnade! Das, worum wir bitten,
ist ein bisschen wie das Geschenkpapier, das die Gnade umhüllt.
Aber die wahre Gnade ist er, der kommt, um sie mir zu bringen.
Er ist es. Unser Gebet bekommt, wenn es mutig ist, das worum wir
bitten, aber auch das, was noch wichtiger ist: den Herrn.[96]

Anregungen für den Alltag

Finde deinen heiligen Ort

Die Erfahrungen des Betens im Alltag zeigen, dass es in unserem Leben immer wieder bestimmte Orte gibt, die unsere
Seele in besonderer Weise berühren. Orte, mit denen wir Erfahrungen verbinden, die uns eine neue Dimension im Leben
gezeigt haben, Orte, die uns vielleicht einen neuen Abstand
geben zu den Problemen unseres Alltags, Orte, die uns helfen,
eine neue Übersicht zu gewinnen über die Probleme und Fragen, die uns das alltägliche Lebens stellt.
Orte, an denen Menschen eine besondere Nähe zu Gott erfahren können, kennen alle Religionen. Es sind Orte, die die
Fähigkeit haben, die Seele, das Herz des Menschen für die
geistliche, religiöse Dimension zu öffnen. Das können ganz
unterschiedliche Arten von „Orten" sein.

—*Kirchen und Klöster.* Kirchenräume sind ästhetische Räume und sie sind Räume der Glaubensverkündigung. Das
zeigt sich etwa in der mittelalterlichen Biblia pauperum,
der Bibel der Armen. Besonders im Mittelalter, in einer
Zeit, als die meisten Menschen nicht lesen konnten, wurde
die biblische Frohbotschaft auch gerne in Fresken an die

Im Stallgeruch der Schafe

Wände der Kirchen gemalt. Kirchen sind Orte der Glaubensverkündigung und der Lebensorientierung. Viele Menschen finden hier zur Ruhe, zur Stille, zum Wesentlichen. Ähnlich sind die Klöster besondere Bereiche, wo Spiritualität über Jahrhunderte gelebt wurde und wird. Viele Menschen machen die Erfahrung, dass Klöster einen religiösen, spirituellen Geist atmen. Darum ziehen sich auch immer wieder Menschen, die im Alltagsleben von ihren Aufgaben und Fragen gefangen sind, gerne in den Raum eines Klosters zurück. Hier finden sie einen Ort, wo sie eintauchen können in eine spirituelle Tradition, in eine spirituelle Geschichte, hier verspüren sie das Mitgetragensein von anderen, die beten.

— *Herrgottswinkel* haben vor allem in ländlichen Gebieten früher eine große Rolle gespielt. In Heimatmuseen oder auch zeitgemäß aufgemacht im neuen „vorarlberg museum" in Bregenz werden Andachtsgegenstände wie Kreuze und Muttergottesdarstellungen gezeigt, die solche Herrgottswinkel geziert haben. Aber auch in modernen Wohnungen kann man solche Orte finden – Orte der Ruhe, Orte, an die man sich zurückziehen kann, wo man mit sich sein, ein Buch lesen, Musik hören kann, wo man auch spirituellen Gedanken nachgehen kann. Viele Menschen haben den Wunsch nach einem Raum oder wenigstens einer Ecke in der Wohnung, die eine Atmosphäre von Ruhe und Spiritualität vermitteln.

— *Einbruchstellen Gottes,* Orte, an denen die Anwesenheit Gottes spürbar wird, können auch Orte von sozialer Ungerechtigkeit werden. Wenn wir an die Theologie des Sabbats denken, den Aufbruch aus der Unterdrückung in Ägypten oder an die Gospeltradition der Sklaven in Amerika, dann haben auch bestimmte soziale Ungerechtigkeiten wie die Sklaverei eine bestimmte Form von Spiritualität und Religiosität hervorgerufen, damit die Menschen in dieser Situation überleben oder eine neue Perspektive finden konnten. Auch Orte des Protests gegen eine tödliche Ökonomisierung der Gesellschaft, gegen Atomkraft, gegen

Umweltzerstörung können als spirituelle Orte erfahren werden. Nicht nur räumliche Orte, auch situative „Orte" können so etwas wie Gottesbegegnungen ermöglichen.

— *Säkulare Orte,* viele moderne Stätten der Kunst sind als spirituelle Orte erlebbar. Museen und Kunsthäuser sind oft auch spirituelle Gebäude. Das Gefühl beim Eintreten erinnert an das Eintreten in eine Kirche. Wenn man eine gotische oder romanische Kirche offen und achtsam betritt, dann „spricht" der Raum. Er führt in eine bestimmte Haltung der Seele, er verändert den Zustand der Seele. So ist es auch mit modernen Orten. Sie können erlebt werden als spirituelle Orte, die nicht spezifisch von einer Religion geprägt sind, die aber doch, weil sie Aufbewahrungsorte von „Sakramentalien" sind, eine besondere Bedeutung und Ausstrahlung haben. Denn ein jeder Gegenstand ist in gewisser Weise auch ein „sakramentaler" Gegenstand, weil er eine Geschichte mit einem Menschen hat. Wenn ich davon ausgehe, dass jeder Mensch eine Geschichte mit Gott hat, dann hat auch jeder Gegenstand, jeder Kunstgegenstand eine Geschichte sowohl mit dem Menschen als auch mit Gott. Das beschreibt Leonardo Boff in seinem Gleichnis vom „Sakrament des Zigarettenstummels"[97] eindrucksvoll. Unterwegs auf einer Reise in Europa erhält er einen Brief seiner Geschwister mit der Nachricht vom Tod seines Vaters. Erst am nächsten Tag entdeckt er in dem Briefkuvert den vergilbten Stummel einer Strohzigarette. Es ist die letzte Zigarette, die der Vater vor seinem Tod geraucht hat. Dieser Zigarettenstummel ist für ihn ein Sakrament, ein Zeichen der Anwesenheit, der Präsenz, des Wesens seines Vaters. Er lässt den Vater in der Erinnerung wieder lebendig sein, er vergegenwärtigt alles, was er mit ihm erlebt hat.

Jeder und jede kann sich die Frage stellen: Wo sind meine heiligen Orte? Ich bin der Überzeugung, jeder Mensch hat heilige Orte. Orte, die mich in eine große Offenheit, Aufmerksamkeit, Sensibilität bringen, Orte, die mich in einer bestimmten Weise berühren und offen machen für die Begegnung mit Gott. Für mich persönlich zählen zu solchen Orten der Hirschberg in Langen, die Gedenkstätte für Carl Lampert in Göfis oder die Basiliken in Rankweil und in Bildstein.

Auch die Bibel berichtet von solchen besonderen Orten. Das Markusevangelium beschreibt zum Beispiel, dass Jesus sich in die Einsamkeit zurückgezogen hat (Mk 1,35). Die Einsamkeit ist ein Ort der besonderen Aufmerksamkeit. Sie birgt die Chance, für den Moment Gottes offen zu werden. In einer anderen Stelle zieht sich Jesus mit seinen Freunden auf einen Berg zurück (Mk 6,45). Für viele Menschen ist es der Berg, für andere die Weite des Meeres, die eine unendliche Faszination ausüben, die den Blick des Geistes weiten und so eine neue Dimension, theologisch würde man vielleicht sagen, die transzendente Dimension, in den Raum des Lebens leuchten lassen.

Finde deine heilige Zeit

Betende Menschen erzählen immer wieder, dass sie sogenannte heilige Zeiten kennen. Für den einen ist es der frühe Morgen, wenn die aufgehende Sonne einer Landschaft neues Leben einhaucht, für andere ist es der Abend, wenn sich alles zur Ruhe legt und Stille sich breitmacht, für andere ist es der Mittag, für wieder andere Aufenthalt auf einem Bahnhof oder einem Flughafen.

Es gibt seit alter Tradition der Kirche und auch in den verschiedensten geistlichen Gemeinschaften die Erfahrung, dass wir den Tag entlang beten. Während eines Tages finden sich viele solcher heiliger Zeiten, die uns kurz in die Beziehung zu Gott bringen können. Das Morgengebet ist wie eine große Wahl der Einstellung zum Tag, der vor mir liegt. Der Tag als Geschenk, der Tag als Angebot, Möglichkeiten des Lebens zu gestalten. Es tut gut, wenn man seinen Tag strukturiert. Jede Tageszeit – der Morgen, der Mittag, der Abend – hat eine bestimmte Bedeutung, eine spezifische Aufgabe. Das führt in ein bewussteres, achtsames Wahrnehmen der Welt, der Beziehungen und der Aufgaben.

Ein weiterer Zeitpunkt sind die Tischgebete, in denen wir für die Gaben des Essens danken. Der achtlose und missachtende Umgang mit Lebensmitteln in Mitteleuropa lehrt uns kaum mehr das Beten. Es ist schmerzhaft, zu sehen, wie viele Lebensmittel weggeworfen und als Müll entsorgt werden. Wenn zum Beispiel in Wien täglich so viel Brot vernichtet wird, wie in Graz täglich gegessen wird[98], so ist das angesichts hungernder Kinder in vielen Teilen der Welt eine fast unerträgliche Situation. Auch eine Sozialaktion wie „Tischlein deck dich", die kostenlos Nahrung an Familien und Kinder weitergibt, an Menschen, die sich kaum mehr ihre Lebensmittel leisten können, macht bewusst, dass es auch hierzulande keineswegs selbstverständlich ist, an einem reich gedeckten Tisch sitzen zu dürfen. Das Tischgebet führt uns in die Haltung der Dankbarkeit und auch der Wertschätzung gegenüber den Gaben der Schöpfung.

In ländlichen Gebieten ist der Tag zudem noch strukturiert durch das Läuten der Kirchenglocken. Das Glockenläuten ist ein Unterbrechen. Johann Baptist Metz[99] bezeichnet „Unterbrechung" als die kürzeste Definition von Religion. Das Abendläuten zum Beispiel ist für mich ein ganz besonderer Augenblick am Ende eines Tages. Das verdeutlicht auch ein berührendes Bild mit dem Titel „Das Angelus-Läuten" von Jean-François Millet, auf dem zwei Menschen nach harter Arbeit des Tages dankend vor ihrer Ernte stehen. Auch das Abendläuten ist so eine heilige Zeit, die uns helfen kann, vom Geheimnis Gottes zu leben.

Und das wichtigste Gebet, wenn wir auf die Weisungen des hl. Ignatius von Loyola hören, ist das „Gebet der liebenden Aufmerksamkeit" am Ende des Tages.[100] Ein Gebet, das den vergangenen Tag noch einmal wahrnimmt in seinen Facetten, in dem, was Freude bereitet hat, und in dem, was Sorge und Angst ins Herz gelegt hat.

Im Stallgeruch der Schafe

Was für den Tag gilt, das gilt ebenso für das Jahr. Das Kirchenjahr ist geprägt durch seinen heilsamen Rhythmus. Advent: auf etwas warten – Weihnachten: die Freude über die Geburt – Karwoche: Umgang mit Leid – Ostern: Neuanfang des Lebens – Pfingsten: die Zusage, Gott ist mit dir. Die Feier des Kirchenjahres ist ein religiöser Weg durch das Jahr. Alles, was menschliches Leben ausmacht im Schweren und im Schönen, kommt zur Sprache und wird wie in einem großen Drama des Lebens inszeniert.

Auch das Leben selbst mit seinen Phasen und Zyklen, das Geborenwerden, die Lebenswenden der Aufbrüche (Hochzeit) wie des Abschiednehmens sind Zeiten, die eine religiöse Wirksamkeit und Bedeutung haben. Es ist Aufgabe der Kirche und der Pastoral, an diesen Lebenswenden mit der Botschaft Jesu präsent zu sein.

Finde deine Vorbilder

Die Erfahrung, dass das Vorleben, das Vorbildsein bedeutsam ist, gilt auch für die Spiritualität. Es gibt Menschen, die für ein Ideal leben, für ein Ideal brennen. Zu allen Zeiten hat es geistliche Menschen gegeben, die andere begleitet haben. Etwa Ordensleute, die Tradition des Mönchtums, in der Menschen zum einen stellvertretend für andere da sind und zum anderen durch ihr Leben, durch Meditation, durch das Studium der heiligen Schriften einen Zugang zum Heiligen haben und auch andere auf diesem Weg begleiten. Menschen, die mich bei der Hand nehmen und weiterführen, können für den persönlichen spirituellen Weg sehr hilfreich sein.

Finde deine Formen des Betens

So wie es in der Liebe unendlich viele – so viele wie es Menschen gibt – Sprachen und Ausdrucksformen gibt, wie man einem anderen mitteilen kann, dass man ihn schätzt und mag, so gibt es auch in der Art des Betens viele unterschiedliche Formen, die ganz individuell sind und gleichwertig nebeneinanderstehen: Bibel teilen, das Beten nach dem Kalender, das bewusste In-Zusammenhang-Bringen des persönlichen Lebens mit dem, was Gott mir sagt, Bibelmeditationen, Exerzitien und Besinnungstage, das Pilgern, das Unterwegssein, geistliche Musik … Es gibt unendlich viele Formen, so wie es auch unendlich viele Zugänge zum Leben gibt. Sie können in bestimmten Lebenssituationen, Lebensphasen, Zeiten des Jahres mehr oder weniger Bedeutung haben. Es ist gut, wenn ich für mich selbst aufrichtig und aufmerksam suche, was im jeweiligen Augenblick eine gute Form ist, die für mich hilfreich ist, die mich am meisten in das Geheimnis Gottes führt.

Sprachen des Betens
Unser wichtigstes Ausdrucksmittel ist die Sprache. Das gilt auch für die Beziehung und die Kommunikation mit Gott. Hier gibt es unterschiedliche Zugänge: die Sprache der Bibel, der Liturgie, Gedichte, Literatur, Lyrik, die Lieder der Psalmen. Wenn etwa Jesus am Kreuz klagt „Mein Gott, mein Gott, warum hast du mich verlassen" (Mt 27,46), so ist diese Klage nicht eine neue Erfindung Jesu am Kreuz. Er betet Psalm 22, den vor ihm schon ungezählte Menschen gebetet haben, er nimmt das Psalmwort eines alten Beters auf, um seine Verzweiflung, seine Sehnsucht auszudrücken. Zugleich wird in diesem Gebet das tiefe Grundvertrauen lebendig und sichtbar, selbst in dieser Verlassenheit von Gott getragen zu sein. Darum ist es gut, wenn man ein paar Gebete, ein paar Psalmen auswendig kann, weil man sie dann in jeder Situation auch als Gebetsschatz in der Schatztruhe des Herzens mit sich trägt.

Die Heilige Schrift als Quelle christlichen Betens
Die Bibel ist nicht nur ein jahrtausendaltes Buch. Auch moderne Kommunikationsmittel wie Smartphones, Tablets und Computer ermöglichen uns jederzeit unkompliziert, Texte aus

der Heiligen Schrift ins Bewusstsein zu bekommen. Die Heilige Schrift ist ein gutes Mittel, um in die Haltung des Betens zu gelangen. Im Wort Gottes liegt eine Kraft, die ein menschliches Wort nicht hervorbringen kann. Eine Erfahrung, die man bei vielen Jugendgottesdiensten eindrucksvoll machen kann. Ein biblischer Satz, ein biblischer Gedanke kann da in eine konkrete Lebenssituation eines jungen Menschen hineingesagt werden. Oft berührt ein solches Wort zutiefst. Das Sprichwort stimmt: „Das Wort, das dir hilft, kannst du dir nicht selber sagen." Ein Wort, das aus dem großen Schatz der Worte Gottes für unser Leben entnommen ist, kann wie eine leuchtende Kerze sein im konkreten Alltag.

Das liturgische Gebet
Eine Gebetsform, die die christliche Gemeinde prägt, ist das liturgische Gebet. Ein Höhepunkt und die größte Perle ist die Feier der heiligen Eucharistie. Aber auch das Psalmengebet, die Tagzeitenliturgie, das Rosenkranzgebet sind Möglichkeiten, als Gemeinde und auch persönlich als Christ, als Christin vor Gott zu stehen. Gerade in der Liturgie kann das Getragensein in einer großen Gemeinschaft spürbar werden. Wenn ich selbst nicht kann oder nicht mehr kann, wenn ich müde bin, wenn ich Angst habe, wenn ich vielleicht verzweifelt bin, werde ich von anderen, von der Gemeinschaft der Kirche, der Gemeinschaft der Betenden mitgetragen.
Auch in der *Gestaltung des Sonntags* ist es für ein missionarisches Christentum entscheidend, den Aspekt der Unterbrechung des Alltags zu betonen. Es ist mitunter erschreckend, wie Menschen heute oft manipuliert werden, wie sie kaum Zeit finden, über die größeren Perspektiven ihres Lebens nachzudenken. Der Sonntag ist eine heilsame Unterbrechung der Routine von Arbeit, Stress, Unruhe, Herausforderungen, Druck. Und sich am Sonntag gemeinsam mit anderen auf den Sinn, den tiefsten Grund unserer menschlichen Existenz zu konzentrieren, gehört zum edelsten des Gebetes

Den Saum Seines Gewandes berühren

Was in der Anbetung geschieht, das möchte der Gedanke „Den Saum Seines Gewandes berühren" andeuten. Papst Franziskus hat beim Ad-limina-Besuch der österreichischen Bischöfe im Jänner 2014 besonders auch das Dasein vor Gott, die Anbetung als sehr bedeutsam hervorgehoben. Anbetung heißt in diesem Sinn, von Herz zu Herz in Verbindung zu sein, sich berühren zu lassen vom Blick Gottes und auch den eigenen persönlichen Blick und die Aufmerksamkeit auf Gott zu legen. In der Anbetung, so erfahre ich es zumindest persönlich manchmal, berühren wir ein wenig das Geheimnis Gottes, das neue Perspektiven ins Leben bringt.

„Wer Gott umarmt, findet in seinen Armen die Welt"

Dieser Gedanke, den die große Theologin und moderne Mystikerin Madeleine Delbrêl[101] formuliert hat, weist darauf hin, dass Gebet etwas ist, das in der Welt geschieht. Es ist keine Abkehr von der Welt, es ist kein Rückzug in einen geschützten Raum, der nichts mit der Welt zu tun haben will, sondern ganz im Gegenteil ist es so, wie Madeleine Delbrêl sagt: Wer in der Welt, wer beim Menschen eintaucht, wird schlussendlich bei Gott auftauchen. Gott umarmen heißt auch, die Welt in seinen Armen halten, die Sorgen und die Freuden, die die Menschen bewegen. Kirche ist Zeichen und Werkzeug der Liebe und Güte Gottes in der Welt.

„Gebet ist Nächstenliebe und Nächstenliebe ist Gebet"

In der Tradition von Madelaine Delbrêl steht auch dieser Gedanke von Papst Benedikt XVI.[102] Man kann durchaus sagen, Nächstenliebe sei die glaubwürdigste und intensivste Art des Betens. Gebet führt den Menschen unweigerlich zum anderen hin, weil es ihn in die Liebe führt. Liebe wäre sehr theoretisch und wenig greifbar, würde sie sich nicht in

Im Stallgeruch der Schafe

den konkreten menschlichen Beziehungen zeigen und bewähren. Christliches Beten führt notwendigerweise in die Haltung der Nächstenliebe. Wo das nicht der Fall ist, sind auch die Wirksamkeit des Gebetes und die Ehrlichkeit des Gebets infrage gestellt.

Oasen in der Wüste: ein Exkurs über die pastorale Rolle von Ordensgemeinschaften

Neben den Pfarrgemeinden gibt es eine Vielzahl anderer Arten von größeren und kleineren christlichen Gemeinschaften unterschiedlichster Motivation und Prägung. Sie gewinnen als Orte der Evangelisierung und der Gottesverwurzelung an Bedeutung. Soziale Beziehungen werden in der modernen Gesellschaft immer stärker unabhängig vom Wohnort gebildet. Unsere Nächsten sind nicht zuerst jene, die zufällig um uns herum wohnen, sondern jene, deren Ansichten wir teilen und deren Lebenssituation uns verbindet. Zeitgemäß ausgedrückt: Menschen, deren Handynummer wir in unserem Smartphone gespeichert haben. Vor diesem Hintergrund kommt auch den verschiedenen Ordensgemeinschaften eine große pastorale Bedeutung zu. Sie können zu so etwas wie Oasen in den Wüsten eines hektischen, schnellen, oberflächlichen, gottvergessenen Lebens werden.

Die Welt im Gleichgewicht halten

Der moderne Mensch bewegt sich in den unterschiedlichsten Lebenswelten – in Familie, Schule, Beruf, Freizeit, Unterhaltung. Wer hält diese verschiedensten Anforderungen aber wirklich im Gleichgewicht? Ordensgemeinschaften können hier eine prophetische Rolle einnehmen. Andreas Knapp hat dies in seinem Gedicht „Die Kontemplativen"[103] pointiert formuliert.

DIE KONTEMPLATIVEN

alles braucht ein Gleichgewicht
weit sich aus dem Fenster lehnen
kann nur der den jemand an den
Füßen hält

am sensibelsten jedoch
ist das ökologische
Gleichgewicht der Gnade

wer nach Kosten / Nutzen rechnet
für den sind stille Klöster überflüssig
im Verborgenen jedoch sind sie es
die die Welt in der Balance halten
denn alles Laute braucht das Leise
um nicht sinnlos zu verlärmen
selbst die großen Worte auf den
Kanzeln

sie bedürfen jener deren Schweigen
sich für sie verbürgt

die Tagaktiven laufen deshalb nicht
ins Leere
weil des Nachts sich Mönche zum
Gebet erheben
und sich Eremitinnen
in die große Stille wagen
alles äußerliche Treiben in der Kirche
wäre nichtig und vergebens
gäb es nicht die Betenden
die die Innenseite leben

denn uns allen
die der Erde ganz verhaftet sind
halten sie den Himmel frei

Orte der Stille

An der Kirche einer Klostersiedlung, die an einer Hauptstraße steht, hing einmal ein großes Transparent mit der Aufschrift „Hier dürfen Sie schweigen". Das Transparent fand großes Echo. Verständlich. In einer Zeit der ständigen Hintergrundberieselung und des unaufhörlichen ermüdenden Verkehrslärms haben viele Menschen eine tiefe Sehnsucht nach Stille.

In manchen Ordensgemeinschaften wird fast den ganzen Tag geschwiegen. Das kann daran erinnern, dass Kommunikation wichtig ist, dass es zu gelingendem Miteinander-Reden aber auch Räume des Schweigens und der Stille braucht. Sonst wird Kommunikation zum leeren Gerede und verkommt zu einem unbedeutenden Getöse. In unserer Gesellschaft sollte man deshalb nicht nur das Recht auf das freie Wort betonen, sondern ebenso das Recht auf Schweigen und auf Stille. Denn das Laute braucht das Leise, um nicht sinnlos zu verlärmen. Unser Land ist reich beschenkt mit Orten, an denen sich solche Ordensgemeinschaften angesiedelt haben, und somit reich an Orten des wohltuenden Widerstands und der wohltuenden Unterbrechung.

Der Regisseur des Films „Die große Stille", Philip Gröning, berichtet, dass er bei den Kartäusern in Chartreuse die Anfrage gestellt habe, diesen Film drehen zu dürfen. Erst nach der langen Zeit von 15 Jahren hat er eine Antwort auf seine Anfrage bekommen. Sie lautete: „Jetzt sind wir bereit."[104] Sie ist beeindruckend und zugleich vielleicht beispielgebend für unser hektisches Zeitalter: diese vollkommen andere Wahrnehmung der Dimension Zeit. Im Kloster stößt Eile auf Zeit.

Klöster sind Orte, an denen das Leben mit Gott und das Sprechen mit Gott wachgehalten werden. Wir brauchen uns nichts vorzumachen: Oft scheint es, als ob es sehr wenig „Gottesbedarf" gäbe, dass die Welt und die Menschen auf weite Strecken ohne Gott auskommen.

Eine Erzählung aus der jüdischen Tradition, die Geschichte des alten Baruch und seines Enkels Jechiel, enthält dazu einen wertvollen Gedanken. Jechiel kommt weinend in die Wohnstube des Rabbis gelaufen und dieser fragt ihn, warum er weine. Seine Freunde wären gemein zu ihm gewesen, antwortet der Enkel. Baruch fragt, ob er nicht von Anfang an erzählen wolle. „Ja, Großvater. Wir haben Verstecken gespielt und ich war an der Reihe, mich zu verstecken. Und ich habe mich sehr gut versteckt, das kannst du mir glauben. Und meine Freunde haben mich gesucht und sie haben mich nicht gleich gefunden. Und dann – stell dir vor – haben sie einfach aufgehört, mich zu suchen. Sie haben mich nicht weiter gesucht und das finde ich gemein. Und deswegen muss ich weinen." Und es heißt dann in der Geschichte, dass der alte Rabbi sich zu seinem Enkel niederkniet, ihm selbst steigen Tränen in die Augen und er sagt: „Siehst du, Jechiel, so ist es auch mit Gott. Er hat sich vor uns versteckt und die Menschen suchen ihn nicht einmal mehr. Verstehst du? Sie suchen ihn nicht einmal mehr."[105]
Diese Geschichte zeichnet sehr treffend ein Bild unserer modernen Welt und ihrer Gottvergessenheit. Viele Menschen haben aufgehört, Gott zu suchen. Europa tanzt derzeit um das Goldene Kalb des wirtschaftlichen Wachstums. Gewiss, kulturelle Zusammenarbeit macht auch wirtschaftliche Maßnahmen notwendig, aber der Mensch braucht neben einer wirtschaftlichen immer auch eine geistige Leitwährung. Wenn es keine geistigen Ideale, Prinzipen und Konsense mehr gibt, dann ist das auch das Ende der Kultur.
Ordensgemeinschaften erscheinen mir deshalb für unsere Gesellschaft notwendig als Orte, an denen diese Grundhaltung von geistigen Leitprinzipien gelebt wird. In diesen oft auf langen Traditionen aufbauenden Gemeinschaften wird ein Bewusstsein wachgehalten, dass es mehr gibt als nur Fun, Geld, Gewinn und Märkte. Der moderne Mensch braucht solche Orte der Hoffnung, die in zentralen gesellschaftlichen Fragen oft im Gegensatz stehen zum Mainstream der modernen Kultur.

Lernorte des Glaubens

Eine Ordensgemeinschaft kann ein Lernort für religiöse Virtuosen sein. Vielfach sind wir heutzutage der Versuchung ausgeliefert, dass wir das Niveau unserer Katechesen und Predigten an ein sehr einfaches Grundschulniveau angleichen. Die Menschen, die wir auf den Empfang der Erstkommunion vorbereiten, denen wir das Sakrament der Firmung spenden, die wir in die Ehe begleiten, hatten oft nicht die Chance, sich Glaubenswissen anzueignen, und vielleicht auch nicht das Interesse dafür. Es wäre aber ein großer Fehler, wenn sich die Kirche in ihrer Pastoral grundsätzlich nur mehr einem einfach gehaltenen Niveau anpassen würde. Das ist keinesfalls überheblich gemeint, aber die Kirche der Erwachsenen und religiös reifen Menschen darf mutig auch andere Themen ansprechen, als dies in der Katechese für Kinder der Fall ist. Die Kirche braucht dringend Angebote für Menschen, die im Glauben virtuos werden wollen, die auch versuchen, mit der Gabe der Vernunft und der Gabe des Verstandes tiefer in die Geheimnisse des Glaubens vorzudringen. Ordensgemeinschaften und Klöster sind vielerorts solche Wissensquellen für religiös interessierte Menschen.

Kundschafter spiritueller Wege und Lebensformen

Das Verwurzelt-Sein in einer geistlichen Tradition lässt die Ordensgemeinschaften in einer Zeit, in der in unserer Kirche und Gesellschaft weitgehende und meist schwierige Veränderungen stattfinden, oft wie einen Kompass erscheinen, dessen Bedeutung darin liegt, den Weg in die richtige Richtung zu weisen. Orden können mit ihrem spezifischen Beitrag sozusagen den Himmel offenhalten. In einer sich umgestaltenden pastoralen Landschaft sind diese erkennbaren Orte von Gemeinschaften ein Netzwerk verlässlicher Antworten und Orientierungen. Die Treue zum Charisma des Ordensgründers, der Ordensgründerin verleiht den Ordensgemeinschaften oft ihre wohltuende Verlässlichkeit in einer modernen Gesellschaft, in der sich die Lebensbedingungen ständig ändern. Die Spiritualität des hl. Benedikt, des hl. Bernhard, des hl. Franziskus und vieler anderer haben auch heute kraftvolle Präsenz.

Anwälte der Gnade

Moderne, wirtschaftlich orientierte Menschen stellen sich oft nur mehr eine Frage: „Was kostet die Welt?" In unserer Zeit ist ein Machbarkeitswahn in den Bereichen der Wirtschaft, der Technik und der Medizin zu beobachten, der vergessen lässt, dass das Entscheidende des menschlichen Lebens Gnade ist, und nicht käuflich zu erwerben. Eine zentrale Aufgabe der Orden besteht darin, diese Realität der Gnade in Erinnerung zu rufen. Christliche Spiritualität heißt auch, dass wir darauf vertrauen, dass wir letztlich alles geschenkt bekommen und die ganze Schöpfung mit all ihren Wunderwerken unbezahlbar ist.

In diesem Zusammenhang erscheint mir vor allem der heilende Auftrag der Ordensgemeinschaften wichtig. Viele Menschen mit gebrochenen Lebens- und Glaubensbiografien begegnen uns. Sie merken oft erst durch eine Krankheit oder durch einen Schicksalsschlag, dass das Leben nicht planbar ist. Sie machen die Erfahrung, dass das Klammern an irdische Werte ihnen zuweilen den Sinn verschüttet. Heilung im ganzheitlichen Sinn hat immer den Charakter eines Geschenks. Sie ist nicht verfügbar wie ein Sparbuch. Die Prinzipien der Gnade ticken anders als die Grundsätze eines modernen Wirtschaftswunders. Als eine der Hauptaufgaben von Ordensgemeinschaften erscheint mir, Wächter für das Unplanbare, für das Geschenkte zu sein.

Gastfreundschaft

Klöster sind etablierte und akzeptierte Kraftorte, an denen Menschen ein Obdach für ihre Seele finden können. Sie sind Orte der gelebten, sehr konkreten und alltäglichen Gastfreundschaft. Damit werden unsere traditionellen Ordensgemeinschaften einer modernen Anforderung gerecht, die Rolf Zerfaß[106] in einen prägnanten Satz gefasst hat: „In einer bewegten Welt braucht es immer mehr Orte der Gastfreundschaft." Je mehr unsere Welt also in Bewegung kommt, desto wichtiger wird es auch, wirklich Gastfreundschaft zu wagen. Viele Menschen, besonders auch junge Suchende, finden in den Ordensgemeinschaften einen Ort der Gastfreundschaft. Hier können sie ausruhen, ohne ständig mit Fragen bombardiert und belästigt zu werden. Hier können sie sich neu orientieren, ohne sich rechtfertigen zu müssen. Hier können sie Menschen beobachten, die ihren Weg von Christus her gestalten, und diesen Weg vielleicht sogar als Modell für ihr eigenes Leben entdecken.

In einer Gesellschaft, die von einer beunruhigenden Unüberschaubarkeit geprägt ist, ist darum eine Pastoral der Gastfreundschaft unverzichtbar. In dieser komplexen Lebenssituation spürt der moderne Mensch dann oft ein inneres Bindungsbedürfnis, welches in der Zugehörigkeit zu einer Gemeinschaft gelebt werden kann. Studien belegen, dass die Einbindung in die religiöse Gemeinschaft eine wesentliche Ressource im sozialen Unterstützungssystem bietet, was wiederum die psychische Gesundheit stabilisiert.

Liturgie und stellvertretendes Gebet

Christliche Gemeinschaften sind heute zur Praxis eines alternativen Umgangs mit der Zeit und mit dem Leben berufen. Der erste Ort der Einübung ist die Liturgie. Die Tagzeitenliturgie und an erster Stelle die Eucharistie sind Ausdruck des Glaubens, der Hoffnung und der Dankbarkeit. Sie ist die Quelle, aus der große Kraft strömt. Im Blick auf Christus erhalten die Zeit und das Leben eine neue Bedeutung. Ich habe viele Menschen getroffen, die in der Liturgie unserer Ordensgemeinschaften diese Quelle für ihr Leben finden durften und die ihre Sorgen im Gebet der Schwestern und Brüder aufgehoben wissen.

Stellvertretendes Gebet, das Mitgetragen-Werden in einem Netzwerk des Gebetes wird von vielen als heilsam erfahren – wenn Menschen nicht mehr beten können, in einer Phase des Zweifels oder wenn die Wolke der Depression schwer auf ihrem Leben liegt, wenn man große Schmerzen hat oder nicht bei Bewusstsein ist. Vor allem kontemplative Ordensgemeinschaften sehen in diesem Dienst eine besondere Berufung. Auch das Fürbittgebet in der Liturgie ist ein solches stellvertretendes Gebet.

KAPITEL 6

Seid Hirten mit dem Geruch der Schafe

D as erbitte ich von euch: Seid Hirten mit dem ‚Geruch der Schafe', dass man ihn riecht –, Hirten inmitten ihrer Herde und Menschenfischer." Diesen Wunsch richtete Papst Franziskus bei der Chrisam-Messe am 28. März 2013 an alle Priester.[107] Und mehrfach hat Papst Franziskus seither diesen Wunsch den Bischöfen und auch allen „Hirten" ans Herz gelegt. In seiner Ansprache an neu ernannte Bischöfe am 19. September 2013 wiederholte er diesen Auftrag: „Seid Hirten mit dem Geruch der Schafe, seid mitten unter dem Volk, so wie Jesus, der Gute Hirte. Eure Präsenz ist nicht etwas Untergeordnetes, nein, sie ist undenkbar wichtig! Seid da!"[108] Und auch in seinem Apostolischen Schreiben „Evangelii Gaudium" ist dieser Wunsch und Auftrag als ein Grundprinzip einer nachgehenden Pastoral niedergelegt: „Die evangelisierende Gemeinde stellt sich durch Werke und Gesten in das Alltagsleben der anderen (...) So haben die Evangelisierenden den ‚Geruch der Schafe', und diese hören auf ihre Stimme." (EG 24)

Geruch der Schafe. – Ich komme selbst aus der Landwirtschaft und ich weiß, was das heißt. Meine Eltern hatten einen Bauernhof mit etwa fünfzehn Milchkühen. Wir hatten auch Schweine und Hühner, Pferde und Ziegen, Hunde und Katzen. Mein Bruder und ich wuchsen hier auf. Einen Kindergarten gab und brauchte es da nicht. Die Unmittelbarkeit und die Einfachheit des Lebens waren im selbstverständlichen Kontakt mit der Natur und den Tieren zu spüren.

Was mich an diesem Vergleich von Papst Franziskus darüber hinaus aber besonders anspricht, ist einmal die Einfachheit des Bildes. Denn so vieles wird heute verkompliziert – in der Pastoral, in der Wirtschaft, im Zusammenleben der Menschen. Experten, Spezialisten und Gurus verbreiten ihre Meinungen und Lehren. Alles ist von einer großen Komplexi-

tät und Kompliziertheit. Der einzelne Mensch findet sich oft
nicht mehr zurecht, hat auch keine Chance.

Rückkehr zur Einfachheit

Wir brauchen eine Rückkehr zur Einfachheit. Die ganz entscheidenden Lebensfragen sind letztendlich fundamental
und einfach. Gandhi hat das einmal so ausgedrückt: „Wenn
die Welt atmet, dann atmen wir. Wenn die Welt aufhört, zu
atmen, dann hört auch der Mensch auf, zu atmen." Das zeigt
sich in der Natur. Die Bestimmung eines Lebewesens ist es,
zu sein – zu essen, Milch zu geben, für den Nachwuchs zu
sorgen. Ein ganz einfaches, fundamentales Sein. Das gilt für
jedes Leben. Das existenzielle Bedürfnis nach Nahrung, nach
einem Zuhause, einem Dach über dem Kopf. Und das tiefe
Grundbedürfnis, geliebt zu werden, umsorgt zu werden, will-
kommen zu sein. Das kann man auch schon beim kleinen
neugeborenen Kälbchen beobachten. Das ist eine ganz einfache, fundamentale Zuwendung, die, das ist meine Erfahrung,
auch die tiefste Sehnsucht jedes Menschen ist – egal, ob er
in der Vorstandsetage einer Bank arbeitet, als Chef in einer
Klinik, in einer politischen Funktion oder als einfache Ver-
käuferin, als Hilfsarbeiter oder was auch immer.
Wir brauchen eine Rückkehr zur Einfachheit im theologischen Denken, in der Pastoral und im Handeln als Kirche. Das
ist auch die pastorale Grundkonzeption von Papst Franziskus,
wenn man etwa seine Ausführungen in „Evangelii Gaudium"
über die Predigt (EG 135–159) oder über die missionarische
Umgestaltung der Kirche liest. Da ist Mission erstens das Zuhören, das achtsame Wahrnehmen der menschlichen Situation. Zweitens, diese Situation zu verstehen. Drittens, sie in
Verbindung zu bringen mit der Heiligen Schrift und das Vertrauen auf das Wort Gottes, das wirkt. Und viertens, für den
Menschen zu beten. (EG 128)

Sich einlassen

Noch etwas Zweites – neben der Einfachheit –, was man in der Natur und besonders im Umgang mit Tieren lernen kann, ist das in die Schwingung des Gegenübers Kommen, das empathische, sensible, achtsame Eingehen auf den anderen. Das macht man sich zum Beispiel in der Hippotherapie oder in anderen Therapieformen mit Tieren, wie etwa der Delfintherapie, zunutze. Die Psychotherapie bezeichnet es als Empathie. Dieses sich ganz auf den anderen Einlassen ist auch ein Grundwert der Pastoral. Nicht ein moralisierendes Besserwissen ist hilfreich, sondern das wertschätzende Eingehen auf die Situation eines Menschen, so wie es das indianische Sprichwort ausdrückt, dass man nie über einen Menschen urteilen solle, ehe man nicht eine Meile in seinen Mokassins gegangen ist.

Echtheit

Eine weitere fundamentale Grundhaltung in der Pastoral, die man auch aus der Natur und der Tierwelt lernen kann, ist die Echtheit des eigenen Tuns. Ein jedes Tier spürt ganz genau, ob es von einem anderen Tier angenommen und respektiert wird – dann fühlt es sich ruhig, sicher – oder ob es bedroht wird. Auch der Mensch spürt das intuitiv. Gerade kleine Kinder und auch Jugendliche, die hochsensibel sind, spüren das. Sie merken sofort, wenn etwas nicht echt und ehrlich ist oder wenn man versucht, ihnen etwas vorzumachen.

Wenn ein Mensch in einem Raum des Angenommenseins, des Wertgeschätztseins, der Echtheit, der Empathie leben kann, so ermöglicht ihm dies das Ablegen seiner Masken, seiner Schutzschilder und Schutzmechanismen. Pastoral betreiben heißt im Grunde genommen, solche Räume des Verstehens, der Empathie, des Echtseins zu ermöglichen. Dann sind Begegnung, Dialog, Gastfreundschaft möglich. Das ist auch die Grundhaltung Jesu, das prägte seinen Umgang mit Aussätzigen, mit Zöllnern. Er gibt einem jeden Raum, sodass er sich verändern kann, weil er die Maske nicht mehr braucht, weil er derjenige sein darf, der er ist, weil sie diejenige sein darf, die sie ist.

Die stinken aber, die Schafe!

Eine weitere Parallele zur bäuerlich-bodenverbundenen, aber nicht etwa nur romantisierend-süßlichen Welt des Hirten ist unübersehbar: der penetrante, ja unangenehme Geruch der Schafe. Gerade ihn sollen die Hirten annehmen, sich nicht davon fernhalten. Nicht eine sterile, klinisch reine Kirche der „Heiligen" ist das Ziel. In seiner ungeschönten, direkten Sprache, die die Dinge beim Namen nennt, spricht Papst Franziskus in „Evangelii Gaudium" von der „verbeulten" Kirche: „Mir ist eine ‚verbeulte' Kirche, die verletzt und beschmutzt ist, weil sie auf die Straßen hinausgegangen ist, lieber als eine Kirche, die aufgrund ihrer Verschlossenheit und ihrer Bequemlichkeit, sich an die eigenen Sicherheiten zu klammern, krank ist." (EG 49)

Das gibt Mut, auch einmal Fehler zu machen, Mut auch zu einer fehlerhaften Kirche. Auch Papst Franziskus macht Mut zu Experimenten. Er spricht von der „Notwendigkeit, in einer heilsamen Dezentralisierung voranzuschreiten" (EG 16), anstatt nur ängstlich auf vermeintliche Rechtgläubigkeit zu starren und untätig zu bleiben.

Schon Johannes Tauler, Straßburger Dominikaner und Mystiker, liebte solch drastische Vergleiche mit der einfachen Lebenswelt der Menschen und drückt damit tiefe theologische und spirituelle Weisheiten aus:

Das Pferd macht den Mist im Stall, und obgleich der Mist einen Unflat und Stank an sich hat, so zieht dasselbe Pferd doch den

Mist mit großer Mühe auf das Feld, und daraus wächst sodann schöner Weizen und der edle, süße Wein, der niemals wüchse, wäre der Mist nicht da. Also trage deinen Mist – das sind deine Gebrechen, die du nicht abtun, ablegen noch überwinden kannst – mit Mühe und mit Fleiß auf den Acker des liebreichen Willens Gottes in rechter Gelassenheit deiner selbst. Es wächst ohne allen Zweifel in einer demütigen Gelassenheit köstliche, wohlschmeckende Frucht daraus.[109]

Ein weiteres Beispiel: Ein Strafgefangener, entlassen nach mehreren Jahren Haft, erzählte mir von seiner Situation. Er hatte große Schuld auf sich geladen. Er fühlte sich ausgegrenzt, nicht beachtet, gemobbt, konnte sich nur sehr schwer integrieren, verkroch sich, sah keine Zukunft. Was ist hier das pastoral Fundamentale? Da brauche ich keine große Metaphysik. Da brauche ich die ganz einfache Zusage, dass jemand sagt: Ich gehe mit dir. So wie Jesus sagt: „Ich bin der gute Hirte, ich kenne die Meinen und die Meinen kennen mich." (Joh 10,14) Das ist es auch schon. Und das fordert den Hirten natürlich mehr, als sich hinter klugen Theorien und Worten zu verstecken. Er ist als Mensch, als Hirte herausgefordert.

Pastorale Anregungen aus dem Management

Ich habe mich mit meiner psychotherapeutischen „Ader" auch viel mit den Themen Management- und Motivationsmethoden beschäftigt, mit Psychologie und Organisationspsychologie. Wovon hängt es ab, ob ein Produkt, eine Marke, eine Idee auf Resonanz stößt, ob sie Erfolg hat, ob ein Vorhaben gelingt? Das Managementbuch „Fish!"[110], ein Bestseller, liefert bemerkenswerte Zugänge, wie man innovativ, produktiv und motiviert Ziele erreichen kann. Und was in der Wirtschaft gilt, das kann sehr wohl auch Anstöße für die Pastoral liefern. Kurz zur Geschichte dieses Buches: Mary Jane Ramirez hat ein Problem – man hat sie zur Leiterin einer Abteilung ge-

macht, die firmenintern nur als „Wüste" und „Giftmüllde-
ponie" bezeichnet wird. Diese Leute erledigen unmotiviert
einen völlig langweiligen Job. Und nun erwartet man von
ihr, dass sie ihrer Abteilung umgehend wieder Leben und
Energie einhaucht. Schließlich ist es ein Besuch auf dem
„Pike Place"-Fischmarkt in Seattle, durch dessen mitreißende
Atmosphäre Mary Jane erfährt, wie sie sich selbst und ihren
Mitarbeitern Arbeitsfreude und Energie zurückgeben kann.
Der Fischmarkt ist ja ein Ort, der für viele wenig attraktiv, ja
abstoßend ist mit seinem Gestank und Schmutz. Trotzdem
arbeiten hier die Verkäufer mit Freude und Leichtigkeit, in
einer ansteckenden, begeisterten Stimmung. Und bald merkt
Mary Jane, zu welchen Leistungen ein Team fähig ist, das
dynamisch, motiviert und lustvoll an seine Aufgaben her-
angeht. Das Buch entwickelt Grundprinzipien, die auch für
die Pastoral bedenkenswerte Anstöße beinhalten. Ein erstes
Grundprinzip lautet:

Wähle deine Einstellung

Man hat immer die Wahl, wie man seine Arbeit machen will,
wie man Lehrer oder Buchhalterin, Verkäufer oder Manage-
rin, Priester oder Ordensfrau sein will. Auch dann, wenn man
sich die Arbeit manchmal nicht aussuchen kann. Die Fischverkäufer von Seattle wissen, dass sie sich jeden Tag bewusst
für eine Arbeitseinstellung entscheiden. Ob ich missmutig
oder frohgelaunt an die Arbeit gehe, ungeduldig oder gelang-
weilt, liegt in meiner Hand, es ist meine Entscheidung. Was
wollen wir sein, wenn wir arbeiten? Ich stelle mir diese Frage
im Grunde genommen jeden Morgen bei der Morgenmedita-
tion. Jeder kann sich sagen: Ich möchte heute der beste Tisch-
ler, die beste Lehrerin, der beste Verkäufer, die beste Schü-
lerin sein. Wenn ich am Morgen früh zur Arbeit gehe und
sage: „Nur noch 7.249 Tage bis zur Pension", dann werde ich

die Arbeit anders machen, als wenn ich sage: „Ich will heute der beste Mitarbeiter, die beste Chefin sein." Das gilt genauso für kirchliche Berufe. Man muss sich jeden Tag neu entscheiden, wie man Priester sein will – oder Pastoralassistentin oder Theologe. Man muss sich dafür entscheiden, ein Hirte sein zu wollen, dem anderen in einer Haltung der Verantwortung und des Mitgehens zu begegnen.

Viktor Frankl[111] nennt das Einstellungsmodulation. Die sogenannten Einstellungswerte sind die großen Hauptstraßen zum Sinn – neben den Erlebniswerten und den schöpferischen Werten. „Wähle deine Einstellung." Sie verändert das Handeln ganz fundamental. Und ich mache die Arbeit nicht nur anders für die anderen, sondern auch für die eigene Lebensfreude und Lebensmotivation. Es ist einer der größten Fehler des menschlichen Lebens, die Zukunft auf später zu verschieben. „Jeder Tag ist ein kleines Leben, das heißt: ein zu bewältigendes Angebot und nicht ein Berg, den wir nicht übersteigen können", wie es Liselotte Nold[112] formuliert.

Spiele

Den Fischhändlern von Seattle macht die Arbeit Spaß. Der Spaß bringt Energie. Sie spielen, sie werfen einander die Fische zu, sie beginnen zu singen und zu tanzen mit den Menschen, die diese Fische kaufen. Letztlich ist ihr Beruf ein Spiel.

Das Spielerische, eine gewisse Leichtigkeit kann uns entscheidend verändern. Wenn wir wissen, wir als Menschen sind mehr als unser Beruf, dann gehen wir mit großer Ernsthaftigkeit, mit Freude in diese Rolle hinein, weil wir wissen, wir spielen eine Rolle in diesem Spiel. In der Theologie spricht man von Theodramatik. Von Joop Roeland stammt dazu ein bekanntes Zitat:

Die Kirche möge das Lächeln wieder lernen. Wir brauchen nicht so viele Mahnungen. Die Kirche sollte weniger Ängste haben, sondern mehr Vertrauen auf Menschen und wohl auch auf die Gnade Gottes. Bei Günter Grass heißt es, dass die Leute einmal gegen alle Ängste des Lebens das Pfeifen erfunden haben. Christen sollen das Pfeifen wieder anfangen. Die Kirche sollte Kurse anbieten, in denen man das Pfeifen wieder lernt, Schulungen in jener Sorgenlosigkeit, die uns Jesus empfiehlt, Einführungen in die Vergesslichkeit, wo alle Lebensverkrampfungen verabschiedet werden, Tagungen, wo das Sehen wieder gelernt wird und die Augen und das Herz sich wieder frei öffnen für Gutes und Schönes.[113]

Bereite Freude

So lautet ein drittes Prinzip. Die Verkäufer auf dem Fischmarkt unterhalten sich prächtig, Sie beziehen andere in ihre Späße, in ihre Gespräche ein. Sie machen dem Fisch zum Beispiel ein lachendes Gesicht. Jemandem eine Freude machen – das ist eine Haltung, die Management, die Seelsorge im Tiefsten prägt. Das kann man sich bewusst vornehmen. Täglich jemandem in irgendeiner Weise eine Freude zu bereiten. Das kann vielleicht einfach ein Lächeln sein, ein anerkennendes Wort, ein kleines Geschenk, eine unerwartete Begegnung oder Aktion.

Sei präsent

So heißt ein weiteres Prinzip. Der Fischverkäufer widmet sich mit ganzem Herzen, mit der ganzen Aufmerksamkeit seiner Arbeit und der Person, mit der er es jetzt gerade zu tun hat. Wie oft ist es doch so, dass wir telefonieren und gleichzeitig noch E-Mails beantworten. Das ist eine grundlegende Missachtung eines Menschen. Präsent zu sein für den Menschen, der mir gerade jetzt gegenübersteht, ist eine entscheidende Haltung. Er/Sie ist in diesem Augenblick die wichtigste Person der Welt.

Hier stoßen wir auf ein pädagogisches Prinzip, das im Umgang mit Menschen, besonders auch mit Kindern und Jugendlichen, ein Schlüssel ist: Wertschätzung und Achtsamkeit. Wenn ich jemanden wertschätze und achte, dann mache ich ihn schön, dann bringe ich ihn zum Blühen, dann hole ich das Gute, das in seinem Innersten steckt, hervor. Solche Wertschätzung und dieses Präsent-Sein sind auch möglich in großen Konflikten, bei pädagogischen Maßnahmen. Eine Regel der Wertschätzung, die Max Frisch in ein geflügeltes Wort gebracht hat: „Man sollte dem anderen die Wahrheit wie einen Mantel hinhalten, dass er hineinschlüpfen kann, und nicht wie ein nasses Tuch um den Kopf schlagen."

Der Blick auf die Hirten

Papst Franziskus gibt auch einige ganz konkrete praktische Handlungsanleitungen, was er mit „Hirten mit dem Geruch der Schafe" meint.

Sei kein Büroleiter

Der Priester muss draußen sein bei den Menschen, und ganz besonders bei den Bedrückten, bei jenen, die schwere Lasten zu tragen haben. Papst Franziskus sagt:

> Geht an die Randgebiete der Existenz, wo Leid, Einsamkeit und Erniedrigung der Menschen herrschen. Seelsorgliche Präsenz heißt: Mit dem Volk Gottes gehen: vor ihm, um den Weg zu zeigen, mitten unter ihm, um seine Einheit zu stärken, und hinter ihm, um sicherzustellen, dass keiner auf der Strecke bleibt, aber vor allem, um seinem Gespür für neue Wege zu folgen.[114]

Lebe, was du predigst

So lautet eine weitere Grundregel. Das Evangelium verkündet man nicht nur mit Worten, sondern ganz besonders durch das konkrete und gelebte Zeugnis. Kommunikation von Herz zu Herz ist nur dort möglich, wo das persönliche Leben und Handeln übereinstimmt mit unseren Worten. Die Glaubwürdigkeit lebt vom Tun. Nichts ist fataler und destruktiver als die Einstellung, anderen „Wasser" zu predigen und selbst „Wein" zu trinken.

Sei der erste Beter

Das ist das letztlich Entscheidende, dessen wir uns in allem Planen und Organisieren und Delegieren vertrauend gewiss sein dürfen. Die scheinbare Ohnmacht des Gebetes kann vielleicht mehr oder anderes oder Tieferes bewirken als so manches strategische Werken und Wirken. Erster Beter, erste Beterin – was für den Bischof gilt, das trifft natürlich genauso auf jeden Priester, auf jede Pastoralassistentin zu.

Im Zeichen des Hirten

Der emeritierte Innsbrucker Pastoraltheologe Hermann Stenger nennt in seinem Buch „Im Zeichen des Hirten und Lammes"[115] – es ist fast wie ein Vermächtnis – die „Merkmale hirtlicher Kompetenz". Stenger beschreibt die „hirtliche" Kompetenz, indem er sich an die Beziehungsqualitäten anlehnt, die Carl R. Rogers in seinem psychotherapeutischen Konzept ausgearbeitet hat. Er entdeckt dort allgemein gültige anthropologische und zugleich theologische Prinzipien, die einen befreienden, lösenden und erlösenden Umgang unter den Menschen ermöglichen. Mit diesen Prinzipien kommen wir an einen Kernpunkt allen pastoralen Tuns.

Der Hirte liebt die Herde bedingungslos

Der Gedanke, dass der Hirte seine Herde ohne jede Bedingung liebt, ist an vielen biblischen Orten zu finden. In vielen neutestamentlichen Perikopen der Begegnung Jesu mit anderen Menschen geht es um die bedingungslose Wertschätzung des Gegenübers. Carl Rogers[116] meint, dass die helfende Person umso effektiver sein wird, je höher sie den anderen schätzt. Hochachtung und Wertschätzung dem anderen Menschen gegenüber ist eine Energie der Heilung. Einem anderen Menschen etwas zuzutrauen und Glauben zu schenken heißt, seine innere Kraft dadurch zu vervielfachen.

Wertschätzung des anderen ist eine unverzichtbare pastorale Grundhaltung. Den anderen spüren lassen: Ich akzeptiere dich, so wie du bist. Ich habe zwar Wünsche an dich, aber ich mache meine Beziehung zu dir nicht davon abhängig, ob du sie erfüllst oder nicht. Es ist mir zwar nicht egal, was du tust, aber ich respektiere, dass du ein eigenständiger Mensch bist. Eine biblische Begründung für dieses Prinzip bietet Paulus: „Wisst ihr nicht, dass ihr Gottes Tempel seid und der Geist Gottes in euch wohnt?" (1 Kor 3,16) Auch Augustinus[117] unterstreicht in einer seiner Predigten, dass wir selbst das eigentliche Haus Gottes seien.

Der Hirte kennt die Schafe beim Namen

Einfühlung, einfühlendes Verstehen, den anderen beim Namen kennen, das ist eine nächste pastorale Grundhaltung. Einfühlung und Empathie bedeuten, dass jemand in die private persönliche Welt eines anderen Menschen eintritt und so das Leben mit dessen Augen sieht; wichtig ist dabei aber, dass er die Situation ohne die Angst und die Furcht sieht, die der andere Mensch oft fühlt. Es heißt auch, das Risiko einzugehen, in die private persönliche Welt des anderen einzutreten, das Leben mit seinen Augen zu sehen. C. G. Jung sagt treffend: „Was man nicht annimmt, kann man nicht ändern."[118]

Dieses hohe Maß an Aufmerksamkeit ist auch kennzeichnend für die Begegnungskultur, die Jesus gelebt hat. Für mich als Seelsorger bedeutet dies, dass ich taktvoll die Welt eines anderen Menschen betrete; ich benehme mich dort wie ein Gast, der die Erlaubnis erhalten hat, alles anzusehen, einige Dinge sogar zu berühren und so den persönlichen Innenraum der Seele zu betreten. Ein Kennen beim Namen hat also viel mit Respekt voreinander und mit einem Aufeinander-Eingehen zu tun. Und noch etwas ist klar: Verstehen ist nicht dasselbe wie einverstanden sein.

Der Hirte gibt sich zu erkennen

Echtheit und Transparenz sind ein nächstes Merkmal eines Hirten „mit dem Geruch der Schafe". Ein guter Hirte macht den Schafen nichts vor. Er verwirrt sie nicht. Er zeigt sich so, wie er wirklich ist; er verbirgt sich nicht hinter einer Maske. Außenseite und Innenseite stimmen überein. Das heißt, ich bemühe mich, niemanden zu täuschen, niemanden hinters Licht zu führen. Ich brauche mich nicht klüger, stärker, perfekter zu geben, als ich bin. Ich kann auch zu meinen Halbheiten und Schwächen stehen. Ein Grundgesetz der Roger'schen Kommunikationstheorie ist, dass sich die Qualität des menschlichen Zusammenlebens immer an der wechselseitigen Transparenz bemisst. Nur dort, wo wir uns einander zeigen, können wir auch wirklich aufeinander eingehen.

Dort, wo ich mich so gebe, wie ich bin, dort, wo ich mich nicht hinter einer Maske verstecken muss, dort kann sich meine wahre Identität entfalten. Es geht nicht um das modern gewordene sogenannte „Outing"; es geht auch nicht um ein den Medien präsentiertes Gesellschaftsspiel, in dem jedes Taktgefühl und die Einhaltung von Schamgrenzen übergangen werden; sondern es geht darum, sachlich und mit Mut die eigene Position zu zeigen und diese auch zu vertreten.

Diese drei Grundhaltungen pastoralen Tuns sind keine schnell erlernbaren Techniken oder Fertigkeiten, sondern sie sind, wie Hermann Stenger[119] sagt, labile Errungenschaften einer Person. Wir müssen ständig daran arbeiten. So sind sie eine große Herausforderung, aber gleichzeitig auch eine große Chance für die Kirche.

Der Hirte ist bereit, sich zu bücken

Es gibt eine alte Legende von einem Rabbi, zu dem ein Schüler kommt und fragt: „Früher gab es Menschen, die Gott von Angesicht zu Angesicht gesehen haben. Warum gibt es sie heute nicht mehr?" Die Antwort des Rabbis: „Weil sich heute niemand mehr so tief bücken will."[120]

Wenn man einen Menschen wirklich kennenlernen möchte, muss man ihm in die Augen schauen, man muss mit ihm auf Augenhöhe sein, in Blickkontakt. Das geht nicht ohne die Bereitschaft, sich zu bücken. Wenn wir uns bücken, so heißt das auch, dass wir den anderen groß werden lassen. Papst Franziskus hat auch hier ein Zeichen gesetzt, als er am Gründonnerstag 2013 in einer römischen Jugendhaftanstalt zwölf Jugendlichen verschiedener Nationalitäten und Religionen die Füße gewaschen hat.

Worte wählen, die die Herzen entfachen

In „Evangelii Gaudium" schreibt der Papst: „Ein Dialog ist weit mehr als die Mitteilung einer Wahrheit (...) Eine rein moralistische oder unterweisende Verkündigung schränkt diese Kommunikation zwischen den Herzen ein, die einen geradezu sakramentalen Charakter haben muss." (EG 142) Ja, ohne die Kommunikation von Herz zu Herz bleibt unser Reden wie „tönernes Erz und klingende Schellen" (1 Kor 13).

Im Stallgeruch der Schafe

Was eine solche Pastoral mit dem „Geruch der Schafe" bedeutet, hat auch Papst Johannes XXIII.[121] einmal sehr berührend zum Ausdruck gebracht:

Die Barmherzigen sind leise.
Sie fallen nicht auf.
Sie machen kein Aufheben von sich.
Sie streben nicht nach oben.
Sie beugen sich nach unten,
zu dem, der ihrer bedarf.
Sie stellen sich auf die gleiche Stufe,
sie sind neben ihm, nicht über ihm.

Sie richten ihn auf
in seiner Würde als Mensch,
in den aufrechten Gang,
in das Ebenbild Gottes.

Die Barmherzigen sind still.
Sie machen keine Karriere „nach oben".
Ihr Leben ist eine Karriere „nach unten".
In ihnen wurzelt das Reich Gottes.

Die Sorge für den Hirten: ein biblisches Anti-Burnout-Programm

„Du sollst deinen Nächsten lieben wie dich selbst." Diese Antwort auf die Frage nach dem wichtigsten Gebot ist bleibend gültig (vgl. Mt 22,39, Lk 10,27). Nachdem er zuvor die Frage an den Fragesteller selbst zurückgeben hatte, bestätigt Jesus die Richtigkeit der Antwort, die Selbstliebe ist das Maß für die Nächstenliebe: „Du hast richtig geantwortet. Handle danach und du wirst leben."
Die Sorge für sich selbst, für die eigene körperliche und seelische Gesundheit ist eine Verantwortung, die unverzichtbar und nicht delegierbar ist. Das gilt für jeden Hirten, für alle in

der Pastoral Tätigen und natürlich genauso für jeden Menschen. Die folgenden drei biblischen Weisheiten und einen philosophischen Gedanken kann man durchaus als ein Anti-Burnout-Programm verstehen.

Von der Kunst des Fehlermachens

Wir alle sind von klein auf darauf getrimmt, Erfolge und Leistungen vorzuweisen. Fehler, Versagen, Scheitern sind in dieser Logik bedrohlich, fatal, zerstörerisch. Unsere Gesellschaft funktioniert so. Die Kunst des Fehlermachens ist nicht leicht zu lernen. Das ist kein bequemer Gedanke in der Welt, in der wir heute leben, wo alles perfekt sein muss, wo Fehler zu machen für einen Politiker „tödlich" ist und er abserviert wird. Eine falsche Aussage, ein vermeintlich kleiner Fehltritt – und du bist weg vom Fenster. Der Schnellste, der Stärkste, die Schönste, die Gewandteste erhält die Aufmerksamkeit, den Preis, den Pokal, die Schlagzeilen. Ein Blick auf den Sport macht es deutlich. Sekundenbruchteile entscheiden über Sieg oder Niederlage, Werbeverträge oder finanziellen Ruin.

Der Blick auf das Versagen von Petrus, dem Ersten der Apostel, der Jesus verrät, kann gegen solch einseitige Orientierung an den Stärken und Sonnenseiten des Lebens heilsam sein. Auch Fehler haben ihren Sinn.

> Petrus aber saß draußen im Hof. Da trat eine Magd zu ihm und sagte: Auch du warst mit diesem Jesus aus Galiläa zusammen. Doch er leugnete es vor allen Leuten und sagte: Ich weiß nicht, wovon du redest. Und als er zum Tor hinausgehen wollte, sah ihn eine andere Magd und sagte zu denen, die dort standen: Der war mit Jesus aus Nazaret zusammen. Wieder leugnete er und schwor: Ich kenne den Menschen nicht. Kurz darauf kamen die Leute, die dort standen, zu Petrus und sagten: Wirklich, auch du gehörst zu ihnen, deine Mundart verrät dich. Da fing er an, sich zu verfluchen und schwor: Ich kenne den Menschen nicht. Gleich

Im Stallgeruch der Schafe

darauf krähte ein Hahn, und Petrus erinnerte sich an das, was Jesus gesagt hatte: Ehe der Hahn kräht, wirst du mich dreimal verleugnen. Und er ging hinaus und weinte bitterlich. (Mt 26,69–75)

Ein Riesenproblem: Ausgerechnet Petrus, die große Zukunftshoffnung der Kirche, ist derjenige, der Jesus verrät und öffentlich sagt: „Ich kenne den Menschen nicht." Der große Erleuchtete, der große Held wird zum Verräter. Eine niederschmetternde Enttäuschung für ihn selbst. Sein Selbstbild wird zerschlagen. Er, der für Jesus kämpfen wollte, der das Schwert genommen und auf die Knechte des Pilatus eingeschlagen hat, kann nur noch eines tun: Er geht hinaus und weint bitterlich.

Eines dürfen wir daraus lernen: Es gibt die Kunst und die Erlaubnis des Fehlermachens. Später, im Johannesevangelium, fragt Jesus den Petrus dreimal: Liebst du mich? Er stellt ihm nicht die Frage: Hast du mich verraten? Hast du die Schülerbeurteilungen ordentlich geschrieben? Hast du die Buchhaltung ordentlich geführt? Stehen die Einsatzpläne? Sind die Überstunden ordnungsgemäß abgerechnet? Nein, er stellt ihm die Frage: Liebst du mich? Das ist die entscheidende Frage.

Es gibt die Ursünde der Überheblichkeit, so sein zu wollen wie Gott (vgl. Gen 3), und es gibt die Angst, die Grundangst, die Liebe zu verlieren – ich darf keine Fehler machen. Wenn wir aber vom Prinzip der Liebe ausgehen, dann dürfen wir uns auch Fehler erlauben, ja, es braucht diese Erlaubnis des Fehlermachens. „Geliebt wirst du einzig, wo du schwach dich zeigen darfst, ohne Stärke zu provozieren", so bringt Theodor W. Adorno[122] diese menschliche Weisheit auf den Punkt. Oder ein Alkoholkranker hat das so ausgedrückt: „Liebe mich, wenn ich es am wenigsten verdiene, weil ich es dann am meisten brauche."

Ein Beispiel aus der Geometrie kann diese Einsicht untermauern. Was ist die perfekteste Form? Es ist die Kugel. Sie ist rund und vollkommen. Sie birgt das größte Volumen auf kleinstem

Raum. Aber: Kugeln stoßen sich immer ab. Wenn sich zwei Kugeln begegnen, dann können sie sich höchstens an einem winzigen Punkt berühren. Das ist dramatisch. Perfekte Menschen, könnte man sagen, werden nie wirklich in Beziehung zu anderen treten können, weil im menschlichen Leben ganz entscheidend das Fehlermachen dazugehören darf und muss. Ansonsten sind wir Monaden, die wie Kugeln durch die Welt schwirren, aber den anderen höchstens an einem winzigen Punkt berühren können.

Die Bibel lehrt uns an vielen Stellen: Es gibt diese Kunst des Fehlermachens. Es braucht die Versöhnung mit der eigenen fragmentarischen Seite des Lebens. Alles andere wäre der Tod der Spontaneität, der Tod der Kreativität, der Tod der Innovation und das Ende der Lebensfreude. Es braucht eine Spiritualität der Gelassenheit und des Lassens. Es braucht den Abschied von vermeintlicher Omnipräsenz: überall sein, alles im Griff haben.

Die Arbeit weitergeben

Wer sich selbst zu wichtig nimmt, ist leicht versucht, alles selbst machen zu wollen. Das kann durchaus in der besten Absicht geschehen, aus Liebe und aus Verantwortungsgefühl für andere. Die Erzählung von Mose und seinem Schwiegervater kann uns da durchaus eines Besseren belehren.

> Am folgenden Morgen setzte sich Mose, um für das Volk Recht zu sprechen. Die Leute mussten vor Mose vom Morgen bis zum Abend anstehen. Als der Schwiegervater des Mose sah, was er alles für das Volk zu tun hatte, sagte er: Was soll das, was du da für das Volk tust? Warum sitzt du hier allein und die vielen Leute müssen vom Morgen bis zum Abend vor dir anstehen? Mose antwortete seinem Schwiegervater: Die Leute kommen zu mir, um Gott zu befragen. Wenn sie einen Streitfall haben, kommen sie zu mir. Ich entscheide dann ihren Fall und teile ihnen die

Gesetze und Weisungen Gottes mit. Da sagte der Schwiegervater zu Mose: Es ist nicht richtig, wie du das machst. So richtest du dich selbst zugrunde und auch das Volk, das bei dir ist. Das ist zu schwer für dich; allein kannst du es nicht bewältigen. Nun hör zu, ich will dir einen Rat geben und Gott wird mit dir sein. Vertritt du das Volk vor Gott! Bring ihre Rechtsfälle vor ihn, unterrichte sie in den Gesetzen und Weisungen und lehre sie, wie sie leben und was sie tun sollen. Du aber sieh dich im ganzen Volk nach tüchtigen, gottesfürchtigen und zuverlässigen Männern um, die Bestechung ablehnen. Gib dem Volk Vorsteher für je tausend, hundert, fünfzig und zehn! Sie sollen dem Volk jederzeit als Richter zur Verfügung stehen. Alle wichtigen Fälle sollen sie vor dich bringen, die leichteren sollen sie selber entscheiden. Entlaste dich und lass auch andere Verantwortung tragen! Wenn du das tust, sofern Gott zustimmt, bleibst du der Aufgabe gewachsen und die Leute hier können alle zufrieden heimgehen. Mose hörte auf seinen Schwiegervater und tat alles, was er vorschlug. (Ex 18,13–24)

Diese Bibelstelle enthält eine Lehre in Sachen Management. Es sind Fragen verbunden, die das Leben an jeden Menschen stellt. Jeder kennt solche Situationen. Ein voller Terminkalender, alle wollen etwas von mir: die Eltern, die Kinder, der Chef, die Mitarbeiter und viele mehr. Da stellen sich viele Fragen: Wer ist mein Schwiegervater? Von wem lasse ich mir etwas sagen? Von wem lasse ich mich korrigieren? Wer sagt mir: Was soll das, was du da tust? Auch für mich kann die Feststellung zutreffen: „So richtest du dich selbst zugrunde und auch das Volk, das bei dir ist."

„Entlaste dich und lass auch andere Verantwortung tragen", lautet der Lösungsvorschlag. Das ist leichter gesagt als getan. Aber es gibt als Hilfe dazu eine Frage, die man sich in aller Ruhe stellen könnte, sie lautet: Wer sind meine zwölf Apostel? Welche Menschen – es können auch nur drei oder fünf sein – sind diejenigen, auf die ich mich, wie Jesus auf seine Apostel, verlassen kann?

Das alles hat sehr viel mit einer Spiritualität des Leibes Christi zu tun. Ein jedes Glied trägt Verantwortung, und jedes Glied am Leib Christi kann und soll seine besonderen Begabungen und Fähigkeiten einbringen (vgl. 1 Kor 12, Röm 12). Arbeit anderen zuzutrauen, Aufgaben zu delegieren, auch wenn sie diese dann vielleicht ganz anders lösen, als ich das getan hätte, darin besteht die große Herausforderung. Hilde Domin zeigt in ihrem „Lied zur Ermutigung II"[123] dafür einen Horizont auf:

LIED ZUR ERMUTIGUNG II

Lange wurdest du um die türelosen
Mauern der Stadt gejagt.

Du fliehst und streust
die verwirrten Namen der Dinge
hinter dich.

Vertrauen, dieses schwerste
ABC.

Ich mache ein kleines Zeichen
in die Luft,
unsichtbar,
wo die neue Stadt beginnt,
Jerusalem
die goldene,
aus Nichts.

Wo ist mein Bethanien?

Das Achten auf die eigenen Grenzen, der Rückzug in geschützte Räume, wenn die Wogen zu hoch gegangen sind, Zeit zum Aufatmen und Durchatmen, Zeiten zum Auftanken sind lebenswichtig, oft überlebenswichtig. Was allgemein für eine heilsame spirituelle Haltung gilt, trifft erst recht auch für die Sorgen des Hirten für sein persönliches Heilsein und Heilwerden zu. Der biblische Bericht der „Tempelreinigung" vermittelt wertvolle Hinweise für Führungskräfte und in der Pastoral Tätige.

> Jesus ging in den Tempel und trieb alle Händler und Käufer aus dem Tempel hinaus; er stieß die Tische der Geldwechsler und die Stände der Taubenhändler um und sagte: In der Schrift steht: Mein Haus soll ein Haus des Gebetes sein. Ihr aber macht daraus eine Räuberhöhle. Im Tempel kamen Lahme und Blinde zu ihm und er heilte sie. Als nun die Hohenpriester und die Schriftgelehrten die Wunder sahen, die er tat, und die Kinder im Tempel rufen hörten: „Hosanna dem Sohn Davids!", da wurden sie ärgerlich und sagten zu ihm: Hörst du, was sie rufen? Jesus antwortete ihnen: Ja, ich höre es. Habt ihr nie gelesen: Aus dem Mund der Kinder und Säuglinge schaffst du dir Lob? Und er ließ sie stehen und ging aus der Stadt hinaus nach Bethanien; dort übernachtete er. (Mt 21,12–17)

Jesus ist genervt und sieht, dass die Dinge im Tempel schieflaufen. Er greift ein. Emotionen, Heilungen, Hosanna-Rufe, ärgerliche Hohenpriester, Streitgespräche. Und dann der entscheidende Satz: „Und er ließ sie stehen und ging aus der Stadt hinaus nach Bethanien; dort übernachtete er." Ein heilsamer Satz. Einfach die Dinge einmal stehen lassen, sich nicht verabschieden, „so jetzt reicht's mir", sondern: Er ließ sie stehen. Auch das ist eine Kunst. Einfach einmal alle stehen lassen. Die Dinge einfach stehen lassen. Etwas lassen, wieder zurückfinden zur Gelassenheit.
Und eine zweite Frage: Wo ist mein Bethanien, wo gehe ich hin? Zu wem kann ich gehen, mich ausreden, auch vielleicht dort übernachten? Wo ist der Ort, an dem ich mich in diesem Sinn erholen kann? Wo ist mein Bethanien?
Haltungen, die für einen heilsamen Umgang mit den eigenen Ressourcen förderlich sind, zeigt auch Bernhard von Clair-

vaux in seiner geistlichen Erzählung „Kanal und Schale" auf. Bernhard von Clairvaux hat als Gründer des benediktinischen Reformordens der Zisterzienser die gesamte abendländische Spiritualität beeinflusst und stark mitgeprägt. In diesem Text gibt er Impulse, wie wir unseren Glauben leben und weitergeben können.

Der Heilige Geist wirkt auf zweifache Weise in uns: Einmal kräftigt er unser Inneres zu unserem Heil, dann aber schmückt er uns auch nach außen hin durch Gaben zum Gewinn des Nächsten. Glaube, Hoffnung und Liebe zum Beispiel werden uns unseretwegen verliehen: ohne sie können wir ja nicht gerettet werden. Die Gabe des Redens, Heilens usw. sollen wir für das Heil der Mitmenschen einsetzen. Du behältst fremdes Eigentum für Dich zurück, wenn Du, obwohl reich an persönlicher Reife und an Gaben, aus Furcht, Bequemlichkeit oder falscher Demut ein gutes Wort, das vielen nützen könnte, durch Schweigen zurückhältst. Andererseits vergeudest und verlierst Du, wenn Du vorschnell aus halber Fülle eilig ausgießt, bevor fertig eingegossen wurde. Wenn Du daher klug bist, werde eine Schale und kein Kanal. Ein Kanal nimmt nämlich auf und gibt fast zur gleichen Zeit wieder ab, eine Schale jedoch wartet, bis sie voll ist, und teilt dann ohne Verlust aus dem Überfluss mit. Kanäle gibt es leider Gottes viele, Schalen aber sehr wenige. Diese Kanäle sind eher geneigt zu reden als zu hören; bereit zu lehren, was sie nicht gelernt haben, voll Begier, über andere zu herrschen, ohne sich selbst beherrschen zu können. Achten wir daher darauf, dass uns vieles eingegossen werden muss, bevor wir das Ausgießen wagen können. Dann erst werden wir zum Lobe und zur Ehre unseres Herrn Jesus Christus wirken können, der mit dem Vater und dem Heiligen Geist lebt und herrscht in Ewigkeit.[124]

Einer, der mich erinnert

Wir wüssten so viele Dinge, wir wüssten, worauf es ankommt im Leben. Und doch handeln wir manchmal ganz anders, wenn es hart auf hart kommt. Dann brauchen wir jemanden, der uns an unsere Ziele erinnert, so wie es Martin Buber in der chassidischen Erzählung „Der Wächter" beschreibt.

In Ropschitz, Rabbi Naftalis Stadt, pflegten die Reichen, deren Häuser einsam oder am Ende des Ortes lagen, Leute zu dingen, die nachts über ihren Besitz wachen sollten. Als Rabbi Naftali sich eines Abends spät am Rande des Waldes erging, der die Stadt säumte, begegnete er solch einem auf und nieder wandelnden Wächter. „Für wen gehst du?", fragte er ihn. Der gab Bescheid, fügte aber die Gegenfrage daran: „Und für wen geht Ihr, Rabbi?" Das Wort traf den Zaddik (Gerechten) wie ein Pfeil. „Noch gehe ich für niemand", brachte er mühsam hervor, dann schritt er lange schweigend neben dem Mann auf und nieder. „Willst du mein Diener werden?", fragte er endlich. „Das will ich gern", antwortete jener, „aber was habe ich zu tun?" „Mich zu erinnern", sagte Rabbi Naftali.[125]

KAPITEL 7

Ein Blick nach vorne

Vertrauen in die Zukunft

Werft eure Zuversicht nicht weg (Hebr 10,35) und schaut auf
Christus! Das ist die Haltung, zu der uns der Hebräerbrief er-
mutigt. Diese Zuversicht, dieses Vertrauen hat im Blick auf
unsere Kirche viele gute Gründe.

Da sein. Auf eine Stunde

Für eine Präsentation unterschiedlichster „Dienstleistungen"
der Kirche haben wir in der Diözese Feldkirch eine Übersicht erstellt, wie viele Arbeits- und Einsatzstunden in den
verschiedensten kirchlichen Tätigkeitsfeldern in einem Jahr
anfallen. Es war für mich ein heilsames Erwachen, was da
alles an Einsatz für die Menschen zutage kam. Ein paar Zah-
lenbeispiele:

614.700	Arbeitsstunden in der Caritas
341.418	Stunden im Bildungshaus St. Arbogast
310.609	Arbeitsstunden kirchlicher MitarbeiterInnen
303.820	ehrenamtliche Stunden der Kirchenchöre
263.200	Seelsorgestunden durch die Priester
215.000	Ehrenamtsstunden in der Caritas
128.000	Ehrenamtsstunden der Pfarrgemeinderäte
102.201	Bildungswerk-Veranstaltungsstunden
88.000	ehrenamtliche Stunden Bibliothekenbetreuung
74.880	Ehrenamtsstunden Gottesdienst
69.720	Seelsorgestunden PastoralassistentInnen
56.250	Gruppenstunden Kath. Jugend & Jungschar

48.640	ReligionslehrerInnen-Stunden
47.840	Stunden in den Kirchenbeitragsstellen
42.600	SternsingerInnen-Stunden zum Jahreswechsel
35.000	Wallfahrtsstunden der Vorarlberger PilgerInnen
29.000	ehrenamtliche Stunden im Rahmen der Erstkommunion
19.000	Ehrenamtsstunden in der Hospizarbeit
17.754	Stunden im Rahmen der Trauerarbeit und Beerdigung
16.082	Kursstunden aller EFZ-Seminare
14.480	Stunden im Jugendtreff JAM in Schruns
13.442	Beratungen unter 142 Telefonseelsorge
9.050	Stunden im Rahmen der Taufe
6.878	Ehevorbereitungs- und -kursstunden inkl. Traugespräch
6.434	Medien zur Auseinandersetzung mit kirchlichen Themen

Die Tagesgeschäfte lenken unseren Fokus zu oft auf die Schwierigkeiten, die Defizite, den Rückgang. Oft haben wir die Menschen, die Charismen, die Geschenke Gottes für unsere Kirche viel zu wenig im Blick. In Vorarlberg, einer relativ kleinen Diözese, setzen jährlich Tausende Menschen insgesamt über zwei Millionen Stunden ihrer wertvollen Lebenszeit für Gott, für die Menschen und für die Kirche ein. Eine Zahl, die bei genauer Betrachtung wirklich beeindruckend ist. Und das ist nur ein kleiner Ausschnitt aus verschiedensten kirchlichen Tätigkeiten. Hinter diesen Zahlen stehen Menschen mit ihrem Herzen, mit ihrer Seele und mit ihren Begabungen. Eine solche Statistik kann Anlass sein, mit einer Haltung des Vertrauens in die Zukunft zu blicken. Sie weckt das Vertrauen, dass der Geist Gottes unserer Kirche das schenkt, was sie zum jeweiligen Zeitpunkt zum Leben braucht.

Aufmerksame Augen und ein großes Herz

Ein Gedanke von Papst Johannes Paul II., den er an der Wende ins 3. Jahrtausend formuliert hat, kann Mut und Zuversicht schenken.

> Gehen wir voll Hoffnung voran! Ein neues Jahrtausend liegt vor der Kirche wie ein weiter Ozean, auf den es hinauszufahren gilt. Dabei zählen wir auf die Hilfe Jesu Christi. Der Sohn Gottes, der aus Liebe zum Menschen vor zweitausend Jahren Mensch wurde, vollbringt auch heute sein Werk. Wir brauchen aufmerksame Augen, um es zu sehen, und vor allem ein großes Herz, um selber seine Werkzeuge zu werden. (...) Nun fordert uns Christus, den wir in Liebe betrachteten, noch einmal auf, uns auf den Weg zu machen: „Darum geht zu allen Völkern, und macht alle Menschen zu meinen Jüngern; tauft sie auf den Namen des Vaters und des Sohnes und des Heiligen Geistes" (Mt 28,19).[126]

Der Weg der Kirche: der Dialog

Papst Johannes Paul II. und vor ihm schon Papst Paul VI. haben in vielen Veröffentlichungen davon gesprochen, dass der Dialog die entscheidende Form der Pastoral ist, um mit den Menschen von heute in der Welt von heute in Verbindung zu treten. Ein Dialog soll nicht auf morgen verschoben werden, sondern im Heute geschehen. Diesen Gedanken haben auch die französischen Bischöfe in ihren Gedanken zu „proposer la foi" aufgegriffen und später modifiziert in „proposer l'évangile". Sie weisen, wie wir bereits gesehen haben, darauf hin, dass der Glaube ein sinnvolles und zeitgemäßes Angebot für den modernen Menschen ist. Den Glauben vorschlagen, das Evangelium vorschlagen, meint die Einladung, an den Tisch des Wortes Gottes zu kommen und die Früchte und die Freuden dieses gemeinsamen Tisches zu teilen. Ein Angebot,

das das Leben bereichert, oder wie Jesus selbst im Johannesevangelium im 10. Kapitel sagt: Die Menschen sollen das Leben haben und es in Fülle haben.

Prophetisch hebt Papst Paul VI. in seiner Enzyklika „Ecclesiam Suam" vom 6. August 1964 die Bedeutung des Dialogs für
die Kirche, für ihre Erneuerung und ihre Sendung in der Welt
hervor. Er nennt vier Eigenschaften, die den Dialog kenn-
zeichnen, wenn er die Verbindung von Wahrheit und Liebe,
von Klugheit und Güte verwirklichen soll:

> 1. Vor allem *Klarheit*. Der Dialog setzt die Verständlichkeit vor-
> aus und fordert sie (...)
> 2. Eine andere Eigenschaft ist dann die *Sanftmut* (...) Der Dialog
> ist nicht hochmütig, verletzend oder beleidigend. Seine Autori-
> tät wohnt ihm inne durch die Wahrheit, die er darlegt, durch die
> Liebe, die er ausstrahlt, durch das Beispiel, das er gibt (...)
> 3. Die dritte Eigenschaft ist das *Vertrauen*, das sowohl dem ei-
> genen Worte innewohnt als auch in der Haltung des Zuhörens
> von Seiten des Gesprächspartners zum Ausdruck kommt. Es
> fördert die Annäherung und die Freundschaft (...)
> 4. Schließlich die *pädagogische Klugheit*, die weitgehend die
> psychologischen und moralischen Voraussetzungen des Zuhö-
> rers berücksichtigt (vgl. Matth. 7,6): ob es sich um ein Kind,
> einen Ungebildeten, Unvorbereiteten, Misstrauischen oder
> Feindseligen handelt.[127]

Vielfältig sind die Formen des Dialogs, der zum Heil führt.
Er folgt den Bedürfnissen der Erfahrung, wählt die geeignets-
ten Mittel, bindet sich nicht an nichtssagende Aphorismen,
legt sich nicht auf starre Ausdrücke fest, wenn diese die Kraft
verloren haben, den Menschen etwas zu sagen und sie zu etwas zu bewegen. Hier stellt sich die große Frage nach dem
Zusammenhang zwischen der Sendung der Kirche und dem
Leben der Menschen einer bestimmten Zeit, eines bestimmten Ortes, einer bestimmten Kultur oder einer bestimmten
sozialen Situation.

Missionarisch Kirche sein

Eine Kirche „im Aufbruch", die dem Ruf Gottes folgt wie
Abraham (Gen 12,1–3), stellt Papst Franziskus in „Evangelii
Gaudium" vor Augen: „Wir alle sind ... aufgefordert, diesen
Ruf anzunehmen: hinauszugehen aus der eigenen Bequemlichkeit und den Mut zu haben, alle Randgebiete zu erreichen,
die das Licht des Evangeliums brauchen." (EG 20)
Erwin Kräutler, aus Koblach in Vorarlberg stammend, seit
1965 als Missionar und seit 1980 als Bischof der Diözese
Xingu in Brasilien, lebt diesen Auftrag bewegend und mitrei-
ßend, mit Leib und Seele. Er spricht gerne von vier Dimensionen, die eine Gemeinde charakterisieren – gewiss nicht nur
in Amazonien: die samaritanische, die prophetische, die fa-
miliäre und die kontemplative Dimension gelten weltweit.[128]

Die samaritanische Dimension

Das Gleichnis vom barmherzigen Samariter ist so etwas wie
die Verfassung der Kirche und einer christlichen Gemeinde.
Die entschiedene Zuwendung zum Armen kennt nicht nur
die klassischen leiblichen Werke der Barmherzigkeit, wie wir
sie aus der Bibel kennen (Mt 25): Hungrige speisen, Durstige
tränken, Fremde beherbergen, Nackte bekleiden, Kranke pfle-
gen, Gefangene besuchen, Tote bestatten. Hinzu kommen die
klassischen geistigen Werke der Barmherzigkeit: Unwissende
lehren, Zweifelnden raten, Irrende zurechtweisen, Trauernde
trösten, Unrecht ertragen, Beleidigungen verzeihen, für Le-
bende und Tote beten.
Wie diese Werke der Barmherzigkeit für unsere heutige Zeit
übersetzt und aktualisiert werden können, das hat die Diözese Erfurt zum 800-Jahr-Jubiläum der heiligen Elisabeth von
Thüringen im Jahr 2007 gezeigt. In seiner Predigt zu Eröffnung des Elisabeth-Jahres im Dom von Erfurt stellte Bischof

Joachim Wanke die sieben Werke der Barmherzigkeit für heute vor[129]:

1. *Einem Menschen sagen:* Du gehörst dazu (...)
2. Ich höre dir zu (...)
3. Ich rede gut über dich (...)
4. Ich gehe ein Stück mit dir (...)
5. Ich teile mit dir (...)
6. Ich besuche dich (...)
7. Ich bete für dich (...)

Barmherzigkeit war auch ein zentrales Anliegen von Papst Johannes XXIII.[130] in seiner Ansprache bei der Eröffnung des Zweiten Vatikanischen Konzils, als er sagte: Heute möchte die Kirche „lieber das Heilmittel der Barmherzigkeit anwenden als die Waffe der Strenge erheben". Das Heilmittel der Barmherzigkeit ist der große Auftrag an die Kirche. Die Güte des Herzens ist die Kraft, welche die Welt verändert.

Die prophetische Dimension

Eine Gemeinde der Zukunft hat die Aufgabe, prophetisch zu sein, sich einzumischen, Dinge beim Namen zu nennen, Zivilcourage zu zeigen, so wie es Franz Jägerstätter und Carl Lampert getan haben. Ich erinnere mich an eine Begegnung mit dem früheren Präsidenten des Deutschen Bundestages, Wolfgang Thierse, der 2006 die Generalvikare aus dem deutschen Sprachraum im Bundestag geführt hat. Als engagierter Christ meinte er, dass bei politischen Entscheidungen heute die Kirche nicht mehr automatisch und nicht selbstverständlich gefragt wird. Deshalb ist es wichtig, dass wir uns aktiv einmischen – gefragt und ungefragt. Die Themen liegen auf der Hand. Es ist die Bewahrung der Schöpfung. Es ist die Gerechtigkeit und gerechte Verteilung der Güter und es ist das entschiedene Engagement für den Frieden in unseren Gemeinden, aber auch in der Welt. Ein Blick nach Syrien oder nach Lampedusa genügt. Das Engagement von Papst Franziskus in dieser Region ist ein Beispiel dafür.

Die familiäre Dimension

Beziehungen sind für jeden Menschen lebenswichtig, sie sind nicht nur im übertragenen Sinne „Lebensmittel". Nicht umsonst ist es die tiefste Sehnsucht (nicht nur) junger Menschen, Geborgenheit und Sicherheit in der Familie, in einer Gemeinschaft, in einer Beziehung zu finden. Ein jeder braucht Orte, wo er Wärme und Geborgenheit, Zuwendung und Zuneigung erfahren kann, sonst verkümmert die Seele, sie wird krank. Kirche und christliche Gemeinde sollen ein Ort der Begegnung sein, wo der Mensch sich getragen weiß, wo er in einem Beziehungsnetz aufgefangen ist, ein Ort auch, wo man Fehler machen darf, wo man auch schwach sein darf, wo man auch nach dem Fallen immer wieder neu anfangen darf. Die christliche Gemeinde ist ein Ort des Dazugehörens. Sie ist wie eine neue Familie. Wir erinnern uns an die Aussage Jesu: „Wer sind meine Mutter, meine Brüder, meine Geschwister?" (Mt 12,50, Mk 3,35) Es sind diejenigen, die das Wort Gottes hören und danach handeln. Wir alle sind in einer neuen Weise miteinander verbunden, nicht genetisch, sondern durch die Liebe Gottes. „Wer den Willen meines himmlischen Vaters erfüllt, der ist für mich Bruder und Schwester und Mutter." (Mt 12,50)

Die kontemplative Dimension

Die Gemeinde der Zukunft ist geprägt von der kontemplativen Dimension. „Der Christ der Zukunft wird ein Mystiker sein, oder er wird nicht mehr sein." So lautet eines der wohl bekanntesten Zitate des großen Theologen Karl Rahner SJ[131].

Die Erfahrung der Liebe Gottes, die in jeder Spur unseres Lebens anwesend ist, die Erfahrung geschenkter Hoffnung, die Erfahrung des Teilens und der Solidarität, die Erfahrung, dass man ganz auf Jesus setzen, sich ihm bedingungslos anvertrauen kann, kann ein Leben von Grund auf verändern.

Ich konnte das mit jungen Menschen erleben, die voller Begeisterung vom Weltjugendtag in Brasilien zurückgekommen sind. Die mitreißenden, begeisternden Erfahrungen in diesem Land haben sie innerlich gedrängt, zu Hause in Vorarlberg Gottesdienste zu gestalten. Vorarlberger sind ein eher sachlich-nüchternes Volk und lateinamerikanische Begeisterung und Vorarlberger Nüchternheit haben eigentlich nicht sehr viel gemeinsam. Und doch steckt die Begeisterung viele an, diese innere Erfahrung des Glaubens, das Berührtsein von der Dimension Gottes bringt uns in Bewegung und strahlt auf andere aus.

Kontemplation heißt, in die Präsenz, in die Gegenwart Gottes zu treten und mich gleichzeitig von Gott erfüllen zu lassen, ja, sogar füllen zu lassen wie ein Gefäß. Das tiefste Geschenk der Kontemplation ist das Licht. Jesus sagt von sich: „Ich bin das Licht, das in die Welt gekommen ist, damit jeder, der an mich glaubt, nicht in der Finsternis bleibt." (Joh 12,46) Kontemplation heißt also, wenn ein Mensch in diese Sphäre, in diese Dynamik, in diese Beziehung zu Gott eintritt, dann wird auch sein Leben hell. Die Räume seines Herzen, die Räume seiner Seele werden erfüllt mit Licht, er bleibt nicht in der Finsternis der Angst, des Todes, der Traurigkeit, der Einsamkeit.

Die missionarische Dimension

Das missionarische Handeln soll zum Paradigma für alles Handeln der Kirche werden, schreibt Papst Franziskus in „Evangelii Gaudium" (EG 15). Er betont dies auch in zahlreichen seiner Ansprachen und spricht von einer missionarischen Umgestaltung der Kirche. Es fällt auf, dass Papst Franziskus nicht in erster Linie die Amtsträger meint, sehr wohl auch sie, sondern alle Christinnen und Christen. Beim Ad-limina-Besuch der österreichischen Bischöfe 2014 betonte der Papst immer wieder, dass er nicht die Probleme der Bischöfe in den verschiedenen Ländern der Welt lösen könne und noch weniger die Probleme der Priester, die sie in ihren Gemeinden haben. Er setzt ganz auf eine heilsame Dezentralisierung (EG 19). Eine Neuevangelisierung der Welt kann fundamental nur greifen, wenn es eine Bewegung aller Christinnen und Christen ist. Der Papst ist in diesem Sinn ein Werbender. Er wirbt darum, dass die Christen innerlich diese Einstellungsmodulation vollziehen, nämlich selbst zu Verkündern des Evangeliums zu werden, als Mutter, als Vater, als Priester, als Bischof, als Mensch und Christ. Wenn der Ansatz einer pastoralen Erneuerung in Europa so über den einzelnen Christen, die einzelne Christin geht, dann setzt das voraus, dass der einzelne Mensch auch im Innersten ein betender und ein mystischer Mensch ist. Ein Christ, der nicht brennt von dieser Botschaft, wird niemals andere anzünden. Das ist die große missionarische Herausforderung in diesem Jahrhundert.

Ein Christsein, das von einer inneren Freude und Begeisterung für die Menschen und für die Kirche getragen ist, wird im Endeffekt immer missionarisch und einladend sein. Es möchte andere Menschen anstecken mit der Freude. Es will, dass auch sie von Gott berührt werden, von der Liebe berührt werden. Wenn das geschieht, dann lässt das die Menschen nicht kalt, weil die Güte des Herzens auch sie verwandelt. Ich glaube, wir müssen es neu entdecken und dürfen es neu entdecken, dass es unser Auftrag als Christ, als Christin ist, den Menschen das Evangelium zu verkünden. Zuallererst durch unser Tun – und wenn nötig auch mit Worten. Es heißt, Zeugnis abzulegen von diesem parteilichen Gott, der auf der Seite der Schwachen steht und sie stark macht, der die Hungrigen speist und die Traurigen tröstet. Joachim Wanke[132] meint, dass wir Christen religiös auskunftsfähig sein müssen; die Fragen, die die Menschen stellen, beantworten müssen; ihnen neue Wege zeigen dürfen und müssen. Missionarisch sein, das gehört unverzichtbar zu einer Gemeinde der Zukunft.

Zeichen setzen

Im Laufe meiner priesterlichen Tätigkeit ist mir ein Grundgedanke des christlichen Glaubensschatzes sehr wichtig geworden. Die Kirche ist nicht im Besitz der Sakramente, sondern sie ist vielmehr selbst Sakrament: Die Kirche als solche ist Zeichen und Werkzeug der Liebe Gottes in dieser Welt. So ist die Kirche oftmals ein verlässlicher Orientierungspunkt in einer ansonsten nicht mehr überschaubaren Welt. Meiner Meinung nach liegt in dieser Grundüberlegung auch ein entscheidender Punkt für eine zeitgemäße Pastoral, die in der Postmoderne bestehen will: Es geht nicht so sehr um ein Vollbringen, Produzieren oder Herstellen, sondern vielmehr um ein Darstellen.

Gisbert Greshake[133] spricht von einer herstellenden und von einer darstellenden pastoralen Praxis. Wir Menschen der Moderne reagieren auf Symbole. In allen unseren Lebensbereichen haben diese eine große Bedeutung: im Sport, in der Kultur und in der Wirtschaft. Wenn wir uns als Kirche vom Zwang des Produzierens und des Machens dirigieren lassen, dann geht dabei die christliche Hoffnung unter, dass bei allem Tun des Menschen Gott selbst am Werk ist. Selbstkritisch muss ich anmerken, dass manche unserer kirchlichen Einrichtungen in den letzten Jahren zeitweise von diesem Zwang erfasst waren.

Dieser theologische Grundsatz ist es aber, der uns Menschen von der letzten Sorge um das absolut notwendige Gelingen aller pastoralen und seelsorglichen Bemühungen befreit. Gott geht vielleicht ganz andere Wege, als wir Menschen uns ausgedacht haben. Deshalb ist es für eine Seelsorge in unserer Gesellschaft, die auf Gottes Wirken vertraut, absolut zeitgemäß, wenn sie sich auf sakramentalsymbolische Darstellungsweisen des Handelns Gottes einlässt und diese in ihren drei pastoralen Grundvollzügen Liturgie, Diakonie und Martyria immer wieder betont und durchscheinen lässt.

Die Kirche gibt Zeugnis vom geheimnisvollen Licht Gottes: Nicht durch eine umfassende Betriebsamkeit, auch nicht durch ein Programm, mit dem möglichst alle Menschen erreicht werden, und auch nicht durch ein „Rundumservice", sondern einzig und allein durch glaubwürdige Zeichen der Hoffnung, der Liebe und des Erbarmens an den entscheidenden Punkten des menschlichen Lebens kommt die tiefe Liebe Gottes symbolhaft zum Vorschein.

Diese Grundüberzeugung führt zu einem neuen Stil der Seelsorge, einer Seelsorge, die auf den Geist Gottes vertraut; einer Seelsorge, die im Hinblick auf Gottes eigene Wege gelassen sein kann; einer Seelsorge, die ihren engagierten Mitarbeiterinnen und Mitarbeitern Freude und Entlastung bringt. Denn: Gott ist der eigentliche Seelsorger. Dieser Grundsatz nährt sich eben aus der theologischen Ansicht, dass die Kirche selbst Sakrament ist und nicht nur Weisheiten und „Produkte" hat, die sie anderen weitergeben kann.

An die Ränder gehen

In der heutigen Zeit eines starken Liberalismus werden Argumente oft nicht mehr wahrgenommen. Sie interessieren gar nicht mehr. Alles ist frei, alles ist gleichwertig, beliebig, nichts begeistert. Es gibt kaum mehr Bindungen, die zählen. Es ist müßig und sinnlos, dieser Haltung des Liberalismus mit Argumenten zu kommen. Das verändert nichts. Begegnen kann man dieser Haltung der Beliebigkeit, dieser modernen Gleichgültigkeit, die man gerade auch bei vielen Jugendlichen antrifft, nur durch das Setzen von positiven Fakten. Das heißt: an die Ränder gehen, Kranke besuchen, Hungernden zu Essen geben ... Die Methode ist nicht der Diskurs, nicht die Diskussion, sondern das Setzen konkreter symbolischer Akte, die aufmerksam machen, die aufhorchen lassen, die neugierig machen, die auch Widerstand erregen und die in ihrer symbolischen Sprache klar und unmissverständlich sind.

Papst Franziskus geht nach Lampedusa und besucht Flüchtlinge aus Afrika. Er wäscht jugendlichen Straffälligen im Gefängnis die Füße. Aber auch junge Menschen, die einen Sozialeinsatz in der Dritten Welt machen, setzen solche Signale. Oder Jugendliche, die sich beim Weltjugendtag 2013 in Brasilien sozial engagieren und dabei die Lebensfreude, die Einfachheit und auch die Not der Menschen in den Slums erleben. Das berührt, das bewegt und das reißt mit. Und auch ein Papst, der ein kollektives Leitungsgremium der neun Kardinäle bestellt, ein Papst, der sich beraten lässt, der nicht alles schon weiß und der von einer heilsamen Dezentralisierung spricht, setzt ein solches Zeichen. Und was für einen Papst gilt, das gilt erst recht für jeden Bischof, für jeden Pfarrer.

Den Auftrag Jesu zur Verkündigung der frohen Botschaft hat die Kirche lange Zeit in erster Linie als eine Aufgabe des Verstandes, des Wortes, der Bildung aufgefasst. Dabei hat Verkündigung viel mehr zu tun mit dem Tun, auch mit politischem Handeln. Das hat Papst Franziskus in seiner Predigt am 14. April 2013 in Sankt Paul vor den Mauern unmissverständlich formuliert: „Man kann das Evangelium Jesu nicht ohne das konkrete Lebenszeugnis verkünden. Wer uns hört und uns sieht, muss in unserem Tun das lesen können, was er aus unserem Mund hört, und Gott die Ehre geben!" Und der Papst erinnert an einen Rat, den der hl. Franziskus von Assisi seinen Mitbrüdern gab: „Verkündet das Evangelium und, sollte es nötig sein, auch mit Worten!"[134]

Das heißt Mut zu Experimenten, Mut zum Fehlermachen, Mut auch zum Scheitern. Das kann auch heißen, dass die

Kirche Räume der Grenzüberschreitung auf Gott hin öffnet, Räume, in denen die Schönheit und die Lebendigkeit Gottes erfahrbar sind. Wenn die Kirche Räume auftut, wo Grenzen unserer Gesellschaft überschritten werden, transzendiert werden, können Werkstätten praktischer Solidarität entstehen. Hier wird nicht zuerst gefragt, ob jemand katholisch ist oder nicht, ob er Kirchenbeitrag zahlt oder nicht, ob er geschieden ist oder nicht, weil das gemeinsame Arbeiten am Heil der Menschen und am Mitgestalten dieser Welt im Vordergrund stehen. Das heißt: Kirche öffnet Räume der Überschreitung ihrer eigenen Grenzen – lebensnahe Laboratorien, in denen das Evangelium von denen her jeweils neu entdeckt wird, denen man es verkündet. „Lass mich dich lernen, dein Denken und Sprechen, dein Fragen und Dasein, damit ich daran die Botschaft neu lernen kann, die ich dir zu überliefern habe." (Bischof Klaus Hemmerle)[135]

Anmerkungen

1   Krätzl, Helmut, Im Sprung gehemmt. Was mir nach dem Konzil
    noch alles fehlt, Verlag St. Gabriel, Mödling 1998
2   Zitiert nach Weber, Frank, Tausenderlei über die Liebe, 1000 Zi-
    tate, Aphorismen, Bonmots zum Thema Nummer Eins, Verlag
    Books on Demand, 2014, 6. Aufl.
3   Vgl. Spielberg, Bernhard, Quo vadis, meine Pfarrgemeinde, Vor-
    trag gehalten im Rahmen des ersten Diözesanforums der Pasto-
    ralgespräche „Wege der Pfarrgemeinden" in Feldkirch-Tisis am
    30. Jänner 2009, http://www.kath-kirche-vorarlberg.at/organisa-
    tion/entwicklung/links-dateien/ForumI_Spielberg_Vortrag.pdf
4   Vgl. Impact 1 | April 2013, Wertewandel in der Gesellschaft.
    http://www.sinus-institut.de/uploads/tx_mppress/Impact-2013.
    pdf
5   Vgl. dazu auch diese Infografik: http://www.integral.co.at/de/si-
    nus/milieus_at.php
6   Vgl. http://www.integral.co.at/downloads/Sinus-Milieus/2011/09/
    Folder_Sinus_Oesterreich_-_Sep_2011.pdf
7   Bucher, Rainer, ... wenn nichts bleibt, wie es war. Zur prekären
    Zukunft der katholischen Kirche, Echter Verlag, Würzburg 2012,
    S. 36f.
8   Vgl. Lehmann, Karl (Hg.), Vor dem Geheimnis Gottes den Men-
    schen verstehen. Karl Rahner zum 80. Geburtstag, München–
    Zürich 1984
9   Vgl. Buber, Martin, Ich und Du, Reclam, Stuttgart 2008
10 Frère Roger, Aus der Stille des Herzens, Herder Verlag, Freiburg
    i. Br. 2006, S. 93
11 Spadaro SJ, Antonio, Das Interview mit Papst Franziskus, Herder
    Verlag, Freiburg i. Br. 2013, S. 62
12 Walter, Silja, Lied der Armut, in: dies., Gesamtausgabe, Bd. 8,
    Paulusverlag, Freiburg/Schweiz 2003, S. 39
13 Vgl. Papst Franziskus, Evangelii Gaudium, Apostolisches Schrei-
    ben, 24. November 2013 (in Folge kurz: EG)

14 Die Regel des heiligen Benedikt, Beuroner Kunstverlag, Beuron 2006, 17. Aufl., Prolog 1

15 Martini, Carlo, Eco, Umberto: Woran glaubt, wer nicht glaubt? Verlag Zsolnay, Wien 1998, S. 47

16 Martini, a.a.O., S. 48

17 Vgl. Heidegger, Martin: Sein und Zeit, Hg. Thomas Rentsch, Akademie Verlag, Berlin 2001

18 Vgl. Tillich, Paul: Systematische Theologie, Bd. 1, de Gruyter Verlag, Stuttgart 1957, S. 206ff.

19 Vgl. Buber, a.a.O.

20 Frankl, Viktor, Der Wille zum Sinn, Verlag Hans Huber, Bern–Stuttgart–Wien 1982, 3. Aufl. S. 143ff.

21 Vgl. Sinek, Simon, Start with Why: How Great Leaders Inspire Everyone to Take Action, Penguin Books, London 2009

22 Vgl. Portmann, Adolf, Zoologie und das neue Bild vom Menschen, Hamburg 1956, 2. Aufl., S. 75

23 Vgl. Buber, a.a.O.

24 Vgl. Bauer, Joachim, Prinzip Menschlichkeit. Warum wir von Natur aus kooperieren, Verlag Hoffmann und Campe, Hamburg 2007, 3. Aufl.

25 Vgl. Weber, Gunthard (Hg.), Zweierlei Glück: die systemische Psychotherapie Bert Hellingers, Carl-Auer-Systeme Verlag, Heidelberg 1993, 2. Aufl., S. 146

26 Vgl. Lukas, Elisabeth, Geborgensein – worin? Logotherapeutische Leitlinien zur Rückgewinnung des Urvertrauens, Herder Verlag, Freiburg i. Br. 1993, S. 47

27 Franck, Georg, Ökonomie der Aufmerksamkeit. Ein Entwurf, Carl Hanser Verlag, München–Wien 1998, S. 75

28 Vgl. Dufour, Xavier Leon, Wörterbuch zur biblischen Botschaft, Herder Verlag, Freiburg 1990, S. 121

29 Vgl. Bours, Johannes, Da fragte Jesus ihn, Schritte geistlicher Einübung in die Jesusnachfolge, Herder Verlag, Freiburg i. Br. 2003

30 Vgl. Mutter Teresa. Komm, sei mein Licht! Die geheimen Aufzeichnungen der Heiligen von Kalkutta, Hg. Brian Kolodiejchuk, Pattloch Verlag, München 2007

31 Vgl. Frankl, Viktor, Der Mensch vor der Frage nach dem Sinn. Eine Auswahl aus dem Gesamtwerk. Piper Verlag, München–Zürich 1980, 2. Aufl., S. 12, 159, 240, 250

Im Stallgeruch der Schafe

32 Vgl. Ziegler, Jean, Die neuen Herrscher der Welt und ihre globalen Widersacher, C. Bertelsmann Verlag, München 2003

33 Vgl. Bauer, a.a.O. Hüther, Gerald, Was wir sind und was wir sein können. Ein neurobiologischer Mutmacher, Fischer Taschenbuch, Frankfurt am Main 2011, 5. Aufl.

34 Vgl. Görres, Albert, Schuld und Schuldgefühle, in: Communio 13, 1984, S. 430–442

35 Von Radecki, Sigismund, Überraschendes Urteil, zitiert nach: Forum, Magazin des Barmherzige Brüder Trier e.V., 16. Jg. 2/2006, S. 8.

36 Fromm, Erich, Haben oder Sein, Ex libris, Zürich 1979, S. 132f.

37 Vgl. Eibl-Eibesfeldt, Irenäus, Liebe und Hass. Zur Naturgeschichte elementarer Verhaltensweisen, Piper Verlag, München 2001

38 Vgl. Frankl, Viktor, Der Wille zum Sinn, Ausgewählte Vorträge über Logotherapie mit einem Beitrag von Elisabeth Lukas, Verlag Hans Huber, Bern–Stuttgart–Wien 1982, 3. Aufl., S. 9ff.

39 Vgl. Lukas, Elisabeth, Wertfülle und Lebensfreude: Logotherapie bei Depressionen und Sinnkrisen, Profil Verlag, München–Wien 2005

40 Vgl. Nouwen, Henri, Von der geistlichen Kraft der Erinnerung, Herder Verlag, Freiburg i. Br. 1984

41 Vgl. Johannes Paul II., Reconciliatio et paenitentia, 2.12.1984

42 Halik, Thomas, Berühre die Wunden: Über Leid, Vertrauen und die Kunst der Verwandlung, Herder Verlag, Freiburg i. Br. 2013, S. 216

43 Spadaro, a.a.O., S. 47

44 Verfassung der Weltgesundheitsorganisation, deutsche Übersetzung, New York 1946

45 Vgl. Antonovsky, Aaron: Salutogenese. Zur Entmystifizierung der Gesundheit, DGVT Deutsche Gesellschaft f. Verhaltenstherapie, Tübingen 1997

46 Steindl-Rast OSB, David, Vortrag in der Reihe „Focus", ORF Radio Vorarlberg, am 5. Jänner 2012

47 Vgl. Jacobs, Christoph, Salutogenese. Eine pastoralpsychologische Studie zu seelischer Gesundheit, Ressourcen und Umgang mit Belastung bei Seelsorgern. Echter, Würzburg 2000

48 Vgl. Matthews, Dale A., Glaube macht gesund, Spiritualität und Medizin, Herder Verlag, Freiburg i.Br. 2000

49 Ebd.

50 Vgl. Lukas, Elisabeth, Lehrbuch der Logotherapie, Profilverlag, München–Wien 1998, S. 20ff.

51 Vgl. Längle, Alfried, Sinnvoll leben. Wegweiser zum Leben, Verlag NÖ Pressehaus, St. Pölten–Wien 1989, 2. Aufl., S. 34ff.

52 Vgl. Frankl, Viktor, Theorie und Therapie der Neurosen. Ernst Reinhardt Verlag, München 2007, S. 13

53 Vgl. ebenda, S. 10

54 Vgl. Lexikon für Theologie und Kirche, 2. Aufl., Bd. 3, Sp. 1301

55 Vgl. Maslow, Abraham, Religions, Values and Peak-experiences. Ohio State University Press, Columbus 1964

56 Stein, Edith, Brief Nr. 259, in: dies., Werke, Bd. IX, Herder Verlag, Freiburg i. Br. seit 2000, S. 102

57 Empfänger unbekannt – Retour à l'expéditeur, aus: Hans Magnus Enzensberger, Gedichte 1950–2010. © Suhrkamp Verlag Berlin 2010. Alle Rechte bei und vorbehalten durch Suhrkamp Verlag Berlin.

58 Walter, Silja, Lied der Armut, in: dies., Gesamtausgabe, Bd. 8, Paulusverlag, Freiburg/CH 2003, S. 39

59 Vgl. David Steindl-Rast, Religion, Spiritualität und Energiezukunft, Vortrag bei den Reichersberger Pfingstgesprächen 2011, http://pfingstgespraeche.at/fileadmin/user_upload/_temp_/Daten_Archiv/2011/Referat-Steindl-Rast-Reichersberg-2011-Abschrift.pdf

60 Vgl. Byrd, Randolph, Positive Therapeutic Effects of Intercessory Prayer in a Coronary Care Unit Population, South Med. Journal 81, 1988, 826–829

61 Vgl. Jacobs, Christoph, Vortrag bei einer Fortbildung für Priester und pastorale Mitarbeiter der Diözese Feldkirch in München–Freising 2002

62 Vgl. Jalics, Franz, Kontemplative Exerzitien. Eine Einführung in die kontemplative Lebenshaltung und in das Jesusgebet, Würzburg 1994, S. 363

63 Vgl. Jacobs, a.a.O.

64 Papst Benedikt XVI., Jesus von Nazareth, Bd. 2, Verlag Herder, Freiburg i. Br. 2008, S. 268

65 Allgemeine Erklärung der Menschenrechte, http://www.un.org/depts/german/menschenrechte/aemr.pdf

66 Vgl. Lukas, Elisabeth, Miteinander 4/2014, S. 8

67 Jehle, Alexander, Trotzgedicht, in: ders., und immer wieder leben. Gedichte, Bucher Verlag, Hohenems–Wien–Vaduz 2013, 3. Aufl., S. 48

68 Marcel, Gabriel, Geheimnis des Seins, Herold Verlag, Wien 1952

69 Lampert, Carl, Brief aus dem Gestapogefängnis in Stettin an seinen Bruder Julius Lampert vom 18. Juli 1943, zitiert nach: Emerich, Susanne (Hg.), Hätte ich nicht eine innere Kraft ... Leben
und Zeugnis des Carl Lampert, Tyrolia Verlag, Innsbruck 2011,
S. 62

70 Vgl. Wanke, Joachim, Gott ist größer als wir glauben. Ermutigun-
gen für Christen, Verlag St. Benno, Leipzig 2003

71 Vgl. van Breemen SJ, Piet, Entschluss Nr. 54, 1999, S. 4f.

72 Vgl. Lohfink, Gerhard, Jesus von Nazareth. Was er wollte, wer er
war, Herder Verlag, Freiburg i. Br. 2012, 3. Aufl.

73 Vgl. Röser, Johannes, Erste Hilfe Bildung. Kirchesein und Pries-
tersein im religiösen Klimawandel: Zur Diskussion. In: Christ in
der Gegenwart 20/2007

74 Vgl. Böheim-Galehr, Gabriele, Kohler-Spiegel, Helga, Lebenswelten – Werthaltungen junger Menschen in Vorarlberg, Studien-
Verlag, Innsbruck–Wien–Bozen 2011, S. 75

75 Vgl. Bauer, a.a.O., Hüther, a.a.O.

76 Vgl. Geiger, Arno, Der alte König in seinem Exil, Carl Hanser
Verlag, München 2011

77 Böschemeyer, Uwe, Wer bin ich?, Reihe „Focus", Radio Vorarlberg, 9.12.2010

78 Spaemann Heinrich, Orientierung am Kinde, Johannes-Verlag,
Einsiedeln 1984, 6. Aufl., S. 29

79 Vgl. Papst Benedikt XVI., Enzyklika Deus caritas est (2005)

80 Metz, Johann Baptist, Mystik der offenen Augen, Herder Verlag,
Freiburg i. Br. 2011, S. 15

81 Metz, a.a.O. S. 19

82 Metz, a.a.O. S. 20

83 Vgl. Open Doors, Weltverfolgungsindex 2014: https://www.
opendoors.de/verfolgung/weltverfolgungsindex2014/

84 Zitiert nach Emerich (Hg.), a.a.O., S. 50

85 Zitiert nach ebd., S. 111

86 Vgl. Guardini, Romano, Angefochtene Zuversicht, Matthias-Grünewald-Verlag, Ostfildern 1956, S. 192f.

87 Vgl. Dem Leben auf der Spur: zuhören – empfinden – entscheiden, Vortrag von Günter Funke in der Reihe „Focus" von ORF-
Radio Vorarlberg, ausgestrahlt am 24. 9. 2005

88 Pascal, Blaise, Das Herz hat seine Gründe, die der Verstand

nicht kennt. Schöne Gedanken, marix Verlag, Wiesbaden 2012, S. 145.

89 Saint-Exupéry, Antoine de, Der kleine Prinz, Verlag Die Arche, Zürich 1950, S. 49. Frankl, Viktor, Handbuch der Neurosenlehre und Psychotherapie, Band 3, Urban & Schwarzenberg, Berlin 1958, S. 731

90 Vgl. Frankl, Viktor, Ärztliche Seelsorge, Deuticke Verlag, Wien 2005

91 Blondel, Maurice, Die Aktion, Versuch einer Kritik des Lebens und einer Wissenschaft der Praktik, Übersetzung Robert Scherer, Alber Verlag, Freiburg i. Br.–München 1965, S. 405

92 Vgl. Ignatius von Loyola, Geistliche Übungen, Echter Verlag, Würzburg 2008

93 Rahner, Karl, Frömmigkeit früher und heute, in: ders., Zur Theologie des geistlichen Lebens (Schriften zur Theologie VII), Benziger-Verlag Einsiedeln u. a. 1966, S. 21–23

94 Die Regel des heiligen Benedikt, a. a. O.

95 Zitiert nach: Tauler, Johannes, Predigten, Hg. Georg Hofmann, Einsiedeln 1979, S. 297

96 Papst Franziskus, Frühmesse im vatikanischen Gästehaus St. Marta am Donnerstag, 10. Oktober 2013, http://w2.vatican.va/content/francesco/de/cotidie/2013/documents/papa-francesco_20131010_meditazioni-60.html

97 Vgl. Boff, Leonardo, Kleine Sakramentenlehre, Patmos Verlag, Ostfildern 2003

98 Vgl. Wagenhofer, Erwin, We feed the world, Dokumentarfilm, www.we-feed-the-world.at

99 Vgl. Metz, Johann Baptist, Glaube in Geschichte und Gesellschaft, Studien zu einer praktischen Fundamentaltheologie, Matthias-Grünewald-Verlag, Mainz 1980, 3. Aufl., S. 150

100 Vgl. Lambert, Willi, Gebet der liebenden Aufmerksamkeit, Paulinus Verlag, Trier 2007, 4. Aufl.

101 Zitiert nach Fuchs, Gotthard, Hg., „... in ihren Armen das Gewicht der Welt". Mystik und Verantwortung: Madeleine Delbrêl, Knecht Verlag, Freiburg i. Br. 1995

102 Papst Benedikt XVI., Enzyklika Deus Caritas est, Nr. 14

103 Knapp, Andreas, Die Kontemplativen, in: ders., Brennender als Feuer. Geistliche Gedichte. © Echter Verlag, Würzburg 2012, 6. Aufl., S. 54

104 Vgl. http://www.diegrossestille.de/deutsch/index.html

105 Freie Nacherzählung von: Buber, Martin, Das Versteckspiel, in: Die Erzählungen der Chassidim, Manesse Verlag, Zürich 1949, S. 191

106 Zerfaß, Rolf, Seelsorge als Gastfreundschaft, in: ders., Menschliche Seelsorge. Für eine Spiritualität von Priestern und Laien im Gemeindedienst, Herder Verlag, Freiburg i. Br., 1991, 5. Aufl.

107 Vgl. http://w2.vatican.va/content/francesco/de/homilies/2013/documents/papa-francesco_20130328_messa-crismale.html

108 Vgl. http://de.radiovaticana.va/news/2013/09/19/papst_an_bisch%C3%B6fe:_%E2%80%9Eseid_nahe_am_volk_und_lebt,_was_ihr_predigt%E2%80%9C/ted-729936

109 Tauler, Johannes, Die ewige Wahrheit sagt: Mein Joch ist sanft (Mat. 11.30). Aus der Predigt zum Sonntag Septuagesima, Verlag am Eschbach, Eschbach 1989.

110 Vgl. Lundin, Stephen, Paul, Harry, Christensen, John, Fish! Ein ungewöhnliches Motivationsbuch, Ueberreuter Verlag, Wien–Frankfurt 2001

111 Vgl. Frankl, Viktor, Theorie und Therapie der Neurosen. Einführung in Logotherapie und Existenzanalyse, Reinhardt Verlag, München–Basel 1993, S. 179

112 Nold, Liselotte, zitiert nach: Bilder für die Seele. Ein Augenblick Besinnung für jeden Tag, Benno-Verlag, Leipzig 2012, S. 86

113 Zitiert nach: http://de.wikipedia.org/wiki/Joop_Roeland

114 Ansprache von Papst Franziskus am 19. September 2013 an die neu ernannten Bischöfe, die an einem von der Kongregation für die Bischöfe und der Kongregation für die Orientalischen Kirchen organisierten Kurs teilgenommen haben.

115 Vgl. Stenger, Hermann, Im Zeichen des Hirten und Lammes, Mitgift und Gift biblischer Bilder, Tyrolia Verlag, Innsbruck 2002, 2. Aufl., S. 196ff.

116 Vgl. Rogers, Carl R., Eine Theorie der Psychotherapie, der Persönlichkeit und der zwischenmenschlichen Beziehungen, Ernst Reinhardt Verlag, München 2008

117 Vgl. Augustinus, Predigt 336,1,1

118 Jung, Carl Gustav, Archetypen, DTV, München 1990

119 Vgl. Stenger, a.a.O.

120 Zitiert nach: Hoffsümmer, Willi (Hg.), Kurzgeschichten 2, Matthias-Grünewald-Verlag, Mainz 1983, S. 72

121 Papst Johannes XXIII. Zitiert nach: Vorarlberger Kirchenblatt Nr.15/2014, 10.4.2014, S 13

122 Adorno, Theodor W., Minima Moralia, Suhrkamp Verlag, Frankfurt am Main 2011, 27. Aufl., S. 255

123 Domin, Hilde, Lied zur Ermutigung II, aus: dies., Gesammelte Gedichte, © S. Fischer Verlag GmbH, Frankfurt am Main 1987, S. 222

124 Bernhard von Clairvaux, zitiert nach: Andere Zeiten e. V. (Hg.), Der andere Advent 2012/13, Hamburg 2012

125 Buber, Martin, Der Wächter, in: Die Erzählungen der Chassidim, Manesse Verlag, Zürich 1949, S. 671

126 Papst Johannes Paul II., Enzyklika Novo millennio ineunte, 58

127 Papst Paul VI., Enzyklika Ecclesiam Suam, 76–78

128 Kräutler, Erwin, Mein Leben für Amazonien, Tyrolia Verlag, Innsbruck–Wien 2014, S. 182 ff.

129 Wanke, Joachim, Elisabeth will uns in Bewegung bringen. Vgl. http://www.bistum-erfurt.de/front_content.php?idart=9552

130 Johannes XXIII., Ansprache bei der Eröffnung des 2. Vatikanischen Konzils. Herderkorrespondenz 17 (1962/63), 85–88

131 Rahner, Karl, Schriften zur Theologie, Bd. 7, Benziger Verlag, Einsiedeln 1971, S. 22

132 Vgl. Wanke, Joachim, 2017: evangelisch und katholisch, Christ in der Gegenwart 23/2011, Herder Verlag, Freiburg i. Br. Vgl. auch http://www.christ-in-der-gegenwart.de/aktuell/artikel_angebote_detail?k_beitrag=2997750

133 Vgl. Greshake, Gisbert, Priester sein in dieser Zeit, Herder Verlag, Freiburg i. Br. 2000

134 Vgl. http://w2.vatican.va/content/francesco/de/homilies/2013/documents/papa-francesco_20130414_omelia-basilica-san-paolo.html

135 Vgl. www.kath-kirche-vorarlberg.at/organisation/pastoralamt

Im Stallgeruch der Schafe

Literaturhinweise

Ideen und Hinweise verdanke ich vielen Gesprächen mit Menschen in unserer Diözese und u. a. folgenden pastoralen Veröffentlichungen:

Allen, John L. und Schellenberger, Bernardin, Das neue Gesicht der Kirche: Die Zukunft des Katholizismus, Gütersloher Verlagshaus, Gütersloh 2010

Bauer, Joachim, Prinzip Menschlichkeit. Warum wir von Natur aus kooperieren, Verlag Hoffmann und Campe, Hamburg 2007, 3. Aufl.

Benedikt von Nursia, Die Regel des heiligen Benedikt, Beuroner Kunstverlag, Beuron 2006

Böschemeyer, Uwe, Sinn für mein Leben finden, Ellert & Richter Verlag, Hamburg 2002

Böschemeyer, Uwe, Worauf es ankommt. Werte als Wegweiser, Piper Verlag, München 2003

Böschemeyer, Uwe, Warum nicht: Über die Möglichkeit des Unmöglichen, Ecowin, Salzburg 2014

Boff, Leonardo, Kleine Sakramentenlehre, Patmos Verlag, Ostfildern 2003

Bours, Johannes, Da fragte Jesus ihn, Herder Verlag, Freiburg i. Br. 1983

Buber, Martin, Das dialogische Prinzip, Gütersloher Verlagshaus, Gütersloh 2002, 9. Aufl.

Buber, Martin, Die Erzählungen der Chassidim, © Manesse Verlag in der Verlagsgruppe Random House GmbH, Zürich 1949

Bucher, Rainer, ... wenn nichts bleibt, wie es war. Zur prekären Zukunft der katholischen Kirche, Echter Verlag, Würzburg 2012

Ebenbauer, Peter, Bucher, Rainer, Körner Bernhard (Hg.), Zerbrechlich und kraftvoll. Christliche Existenz 50 Jahre nach dem Zweiten Vatikanum, Tyrolia Verlag, Innsbruck–Wien 2014

Ebertz, Michael N., Aufbruch in der Kirche. Anstöße für ein zukunftsfähiges Christentum, Herder Verlag, Freiburg i. Br. 2003

Elbs, Benno, Bußerziehung und Religionsunterricht. Eine kritische Analyse gegenwärtiger Unterrichtsmittel und katechetisch/religionspädagogische Aspekte zu einer verantworteten Praxis. Dissertation an der Theologischen Fakultät der Universität Innsbruck, Innsbruck 1986

Emerich, Susanne (Hg.), Hätte ich nicht eine innere Kraft ... Leben und Zeugnis des Carl Lampert, Tyrolia Verlag, Innsbruck–Wien 2011

Entrich, Manfred, Wächter des Unplanbaren. Zum Verhältnis von Orden und Ortskirche in schwierigen Zeiten. In: Herder Korrespondenz 59, 6/2005, 297–300

Frankl, Viktor, Ärztliche Seelsorge, Franz Deuticke Verlag, Wien 1947

Frankl, Viktor, Der Mensch vor der Frage nach dem Sinn. Eine Auswahl aus dem Gesamtwerk. Piper Verlag, München–Zürich 1980, 2. Aufl.

Frankl, Viktor, Der Wille zum Sinn, Ausgewählte Vorträge über Logotherapie mit einem Beitrag von Elisabeth Lukas, Verlag Hans Huber, Bern–Stuttgart–Wien 1982, 3. Aufl.

Frankl, Viktor, Lapide, Pinchas, Gottsuche und Sinnfrage. Ein Gespräch, Gütersloher Verlagshaus, Gütersloh 2011, 4. Aufl.

Görres, Albert, Rahner, Karl, Das Böse. Wege zu einer Bewältigung in Psychotherapie und Christentum, Herder Verlag, Freiburg 1982, 2. Aufl.

Greshake, Gisbert, Priester sein in dieser Zeit, Herder Verlag, Freiburg 2000

Grün, Anselm, Bilder von Jesus, Vier-Türme-Verlag, Münsterschwarzach 2001, 2. Aufl.

Halik, Tomas, Berühre die Wunden, Herder Verlag, Freiburg–Basel–Wien 2013

Heidegger, Martin: Sein und Zeit, Hg. Thomas Rentsch, Akademie Verlag, Berlin 2001

Herzig MSsR, Anneliese, Miteinander die Welt im Gleichgewicht halten, Vortrag gehalten anlässlich des Renovierungsabschlusses des Klosters der Redemptoristinnen in Lauterach am 26. September 2004

Hüther, Gerald, Was wir sind und was wir sein können. Ein neurobiologischer Mutmacher, Fischer Taschenbuch, Frankfurt am Main 2011, 5. Aufl.

Kapellari, Egon, Zeichen am Weg. Eine Nachlese, Styria Verlag, Wien–Graz–Klagenfurt 2012

Kasper, Walter, Kardinal, Barmherzigkeit. Grundbegriff des Evangeliums – Schlüssel christlichen Lebens, Herder Verlag, Freiburg i. Br. 2012

Katechismus der Katholischen Kirche, Oldenbourg Verlag, München–Wien 1993

Kehl, Medard, Die Kirche. Eine katholische Ekklesiologie, Echter Verlag, Würzburg 1993, 2. Aufl.

Knapp, Andreas, Brennender als Feuer. Geistliche Gedichte, Echter Verlag, Würzburg 2012, 6. Aufl.

Kolodiejchuk, Brian (Hg.), Mutter Teresa. Komm, sei mein Licht, Pattloch Verlag, München 2007

Kothgasser Alois, Sedmak, Clemens, Jedem Abschied wohnt ein Zauber inne. Von der Kunst des Loslassens, Tyrolia Verlag, Innsbruck–Wien 2012

Krätzl, Helmut, Brot des Lebens. Mein Weg mit der Eucharistie, Verlag Tyrolia, Innsbruck–Wien 2014

Kräutler, Erwin, Mein Leben für Amazonien, Tyrolia Verlag. Innsbruck–Wien 2014

Kräutler, Erwin, Kämpfen, glauben, hoffen. Mein Leben als Bischof am Amazonas, Vier-Türme-Verlag, Münsterschwarzach 2011, 2. Aufl.

Kurz, Wolfram, Philosophie für helfende Berufe, Verlag Lebenskunst, Tübingen 2005

Lohfink, Gerhard, Jesus von Nazareth. Was er wollte. Wer er war, Herder Verlag, Freiburg i. Br. 2011

Lukas, Elisabeth, Psychologische Seelsorge. Logotherapie – Die Wende zu einer menschenwürdigen Psychologie, Herder Verlag, Freiburg i. Br. 1985

Lukas, Elisabeth, Spannendes Leben. Ein Logotherapiebuch, Quintessenz Verlag, München 1991

Lukas, Elisabeth, Spirituelle Psychologie. Quellen sinnvollen Lebens, Kösel Verlag, München 1998, 2. Aufl.

Lukas, Elisabeth, Lehrbuch der Logotherapie, Profil Verlag, München–Wien 1998

Martini, Carlo M., Eco, Umberto: Woran glaubt, wer nicht glaubt? Verlag Zsolnay, Wien 1998

Matthews, Dale A., Glaube macht gesund, Spiritualität und Medizin, Herder Verlag, Freiburg i. Br. 2000

Niewiadomski, Jozef, Siebenrock, Roman A. (Hg.), Opfer – Helden – Märtyrer. Das Martyrium als religionspolitische Herausforderung, Tyrolia Verlag, Innsbruck–Wien 2011

Medien-Dienstleistung GmbH, Milieuhandbuch. Religiöse und kirchlichen Orientierungen in den Sinus-Milieus 2005, München 2005

Papst Paul VI., Enzyklika Ecclesiam Suam, über die Kirche, ihre Erneuerung und ihre Sendung in der Welt, 6. August 1964

Papst Johannes Paul II., Apostolisches Schreiben Novo Millennio Ineunte zum Abschluss des Großen Jubiläums des Jahres 2000, 6. Jänner 2001

Papst Johannes Paul II., Reconciliatio et Paenitentia, Apostolisches Schreiben, 2. Dezember 1984, Libreria Editrice Vaticana

Papst Benedikt XVI., Enzyklika Deus Caritas est, 25. Dezember 2005

Papst Benedikt XVI., Jesus von Nazareth, Verlag Herder, Freiburg i. Br. 2008

Papst Franziskus, Evangelii Gaudium, Apostolisches Schreiben, 24. November 2013

Papst Franziskus, Predigt am 14. April 2013 in Sankt Paul vor den Mauern

Rahner, Karl, Vorgrimler Herbert, Kleines Konzilskompendium, Herder Verlag, Freiburg i. Br. 2008

Renz, Monika, Der Mystiker aus Nazaret. Jesus neu begegnen. Jesuanische Spirtualität, Kreuz Verlag, Freiburg i. Br. 2013

Scheuer, Manfred, Und eine Spur von Ewigkeit. Ein geistlicher Begleiter durch das Jahr, Herder Verlag, Freiburg i. Br. 2013

Scheuer, Manfred, Christlicher Lebensstil heute, Tyrolia Verlag, Innsbruck–Wien 2005, 2. Aufl.

Schönborn, Christoph, Wovon wir leben können. Das Geheimnis der Eucharistie, Herder Verlag, Freiburg i. Br. 2005

Spadaro SJ, Antonio, Das Interview mit Papst Franziskus, Herder Verlag, Freiburg i. Br. 2013

Spielberg, Bernhard, Quo vadis, meine Pfarrgemeinde, Vortrag, gehalten im Rahmen des ersten Diözesanforums der Pastoralgespräche „Wege der Pfarrgemeinden" in Feldkirch-Tisis am 30. Jänner 2009

Steindl-Rast, David, Credo. Ein Glaube, der alle verbindet, Herder Verlag, Freiburg–Basel–Wien 2010

Stenger, Hermann, Im Zeichen des Hirten und Lammes, Mitgift und Gift biblischer Bilder, Tyrolia Verlag, Innsbruck 2002, 2. Aufl.

Tillich, Paul, Systematische Theologie, Bd. 1, de Gruyter Verlag, Stuttgart 1957

Van Breemen SJ, Piet, Leistung und Fruchtbarkeit, Entschluss 54, 1999

Winkler, Hans, Egon Kapellari. Was kommt? Was bleibt? Gespräch an einer Lebenswende, Styria Verlag, Wien–Graz–Klagenfurt 2013

Ziegler, Jean, Die neuen Herrscher der Welt und ihre globalen Widersacher, Bertelsmann Verlag, München 2003

„Bevor der Bischof das Volk segnet, bitte ich darum, dass ihr den Herrn bittet, damit er mich segne: Das Gebet des Volkes, das den Segen seines Bischofs erbittet. Sprecht dieses Gebet für mich in Stille."

Papst Franziskus' Appell an die Gläubigen bleibt nicht ungehört. Seiner berührenden Geste der Demut trägt dieses Buch, herausgegeben von Gerda Schaffelhofer, Präsidentin der Katholischen Aktion Österreichs, in besonderer Weise Rechnung. Die kraftvollen, mutigen Gebetstexte, verfasst von Bischöfen, Seelsorgern, Ordensgeistlichen und Ordensfrauen, Theologen und Laien, sind ein Zeugnis der Verbundenheit mit Papst Franziskus.

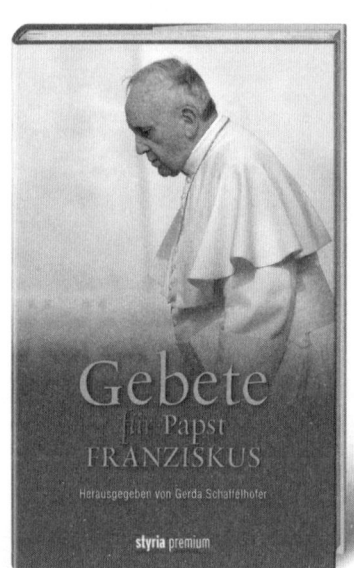

GEBETE
für Papst Franziskus
Hrsg. v. Gerda Schaffelhofer

240 Seiten; 13,5 x 21,5 cm
ISBN 978-3-222-13468-5

styria premium